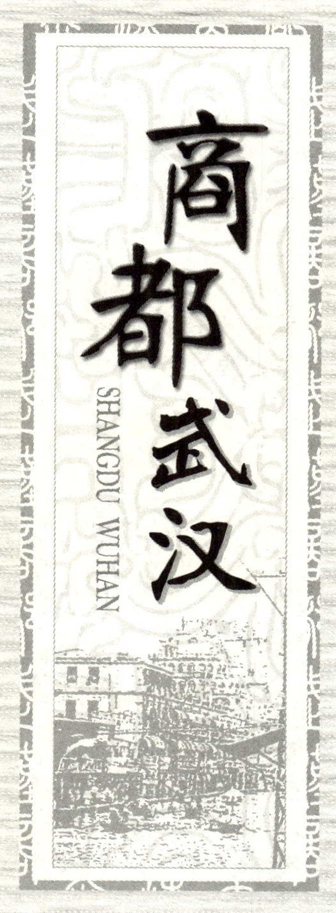

商都武汉

SHANGDU WUHAN

◆ 刘盛佳 著

华中师范大学出版社

新出图证（鄂）字 10 号

图书在版编目（CIP）数据

商都武汉/刘盛佳 著. —武汉：华中师范大学出版社，2012.5

ISBN 978-7-5622-5459-1

Ⅰ.①商… Ⅱ.①刘… Ⅲ.①商业史—武汉市 Ⅳ.①F729

中国版本图书馆 CIP 数据核字（2012）第 083591 号

商都武汉

刘盛佳 著

责任编辑：雷先莲 责任校对：罗 艸 封面设计：胡 灿

编辑室：文字编辑室 电话：027－67867369

出版发行：华中师范大学出版社

社址：湖北省武汉市珞喻路 152 号

电话：027－67863040（发行部） 027－67861321（邮购）

传真：027－67863291

网址：http://www.ccnupress.com 电子信箱：hscbs@public.wh.hb.cn

经销：新华书店湖北发行所

印刷：武汉理工大印刷厂 督印：章光琼

字数：145 千字

开本：880 mm×1230 mm 1/32 印张：7.75

版次：2012 年 6 月第 1 版 印次：2012 年 6 月第 1 次印刷

定价：22.00 元

欢迎上网查询、购书

序

商帮文化是中华文化的一朵奇葩，是中国经济社会长期发展的历史产物。商帮文化的产生、发展和兴衰，就是一部区域经济的发展史。商帮文化研究愈来愈受到重视，当今商热席卷华夏大地，晋商、徽商、浙商、闽商、沪商、津商等区域商帮研究异彩纷呈，为区域经济的发展营造了良好的文化氛围，为营造敬商、尊商、重商的投资软环境提供了前提和基础。但遗憾的是，汉商研究起步较晚、成果不多，这种状况与辉煌的汉商发展史是极不相称的。

我校刘盛佳教授 2007 年提出要重视汉商文化的研究并为之奔走呼吁，刘先生的建议得到了武汉市及学校领导的高度重视和支持。此后，刘盛佳教授及其团队全心投入汉商文化研究之中。但遗憾的是，先生不幸仙逝。为了纪念刘盛佳教授和推动汉商文化的研究，学校决定以先生关于汉商和武汉商都的两部未完成之作为基础，结合撰写的相关论文，整理成《商都武汉》一书予以出版。

《商都武汉》从天时、地利、人和的视角阐述了商都武汉形成发展的基础与必然性，揭示了商都武汉商业发展的历史轨迹和武汉三镇商业格局形成的过程和机理，探讨了影响商都武汉发展的主要因素，剖析了汉派文化源流及其与商都武汉的关系，分析预测了商都武汉未来发展的机遇和态势，提出了商都武汉跨越式发展的建议和对策。作为汉商文化研究的开山之作，该书比较完整地勾画了整个研究框架和体系，对下一步深度研究具有重要指导和借鉴意义。

《商都武汉》的出版不仅仅是想出版一本著作而已，更主要的是想记住一个人，一个用生命诠释人生的人——刘盛佳教授。刘盛佳教授是我国著名的地理学家和区域经济学家。他治学严谨，学术领域宽广，在人文经济地理学、区域经济学等领域均有造诣，堪称大家。他以坚韧的毅力用生命书写完成的《地理学思想史》填补了中外地理学研究的空白，他把一生献给了地方经济发展研究。他淡泊名利，意志坚强，在一身病痛、右腿截肢、左上肺切除的困境中，三年内写成一部 43 万字的著作；他爱岗敬业，一心扑在三尺讲台，风雨无阻；他关爱学生，他的家既是学生的“课堂”，也是学生的“食堂”……他具有强烈的社会责任感，而且这种社会责任感升华了他的人格。他不但主持和参与多个科研项目，更是积极为湖北和武汉的发展建言献策、参政议政。他用自己的生命去诠释人生，他用生命铸就师魂，是我们学习的楷模。

晚年的刘盛佳教授将全部精力放在了汉商文化研究上，他留下的空白短期内尚无人能够填补。只好先整理先生遗稿出版，以兹纪念，并以此推动汉商文化研究！

是为序。

华中师范大学党委书记

马　敏

目　录

第一章　天时地利人和的商都武汉

第一节　名传千古　誉满全球

一、我国最早产生的商代中期城址——盘龙城遗址

说武汉是我国最早产生的古城，鲜有人知，可是有考古遗址的存在为证，这便是武汉市黄陂区叶店乡杨家湾村，经1963年、1974年和1976年三次发掘的盘龙城遗址。经鉴定为商代中期城址，距今达3500年的历史，与郑州商城遗址同为我国最早的两个古城遗址。与武汉城区的江汉区隔府伦河相望，现有盘龙大桥相连。遗址东西长1100米，南北宽1000米，呈矩形；内有土筑城垣，南北长290米，东西宽260米，四面各有城门一个；城内东北隅有三座大型宫殿遗址，处同一南北中轴线上。城外分布有总面积约100万平方米的陆地和手工作坊，出土了青铜器、陶器、玉器、石器和骨器等文物数百件，其中以铜圆鼎、铜钺、铜提梁卣和94厘米的玉戈最为珍贵。

其实武汉早在新石器时期便有人类活动，1958年在武昌南湖西南出水口处，发掘出了老人桥遗址，出土了石斧、石铲等文物；早在1949年在武昌东湖的水果湖

湖滨便出土了放鹰台遗址，因唐代李白曾在台上放过鹰，故名。同时还出土了石斧、石铲、石锛、陶碗、陶豆、陶鬲、陶制纺轮等文物，经鉴定为屈家岭文化的早期遗址；还有蔡甸区永安堡陈子墩遗址，早在清道光二十六年（1846 年），就曾出土了大量石器和陶器，1949 年后又陆续出土了大量石器和彩陶器，经鉴定为屈家岭和石家河文化时期文化遗址。1965 年还在汉南区纱帽山发掘了一处聚落遗址，出土了石器、陶器、青铜器文物百余件，鉴定为周代文化遗址。这些考古遗址说明，武汉早在新石器时期便有人类活动，商、周以来便有最早的人类城市和聚落遗址，与任何古老的城市相比毫不逊色。

二、最早的文字记载——《尚书·禹贡》中的“江汉朝宗于海”

《尚书·禹贡》中有“荆及衡阳惟荆州。江汉朝宗于海，九江孔殷，沱潜既道，云土梦作乂”。这一记载写的是哪里？人们认为这便是武汉最早的文字记载。1927 年毛泽东主席在《菩萨蛮·黄鹤楼》一词中写道：“茫茫九派流中国，沉沉一线穿南北。烟雨莽苍苍，龟蛇锁大江。”要知道毛主席是将人们已经确认的结论，写入自己的诗词之中。

荆州以武汉为代表，《禹贡·贡赋物产》中写道：“厥贡羽、毛、齿、革，惟金三品，包匭菁茅；厥篚玄纁；玑组；九江纳锡大龟。”这是《禹贡·九州》中物产最丰富的一州，因此如盘龙城这一最早的城市遗址的出现，是有丰富的自然物产作基础；不仅如此，《导汉》中也写道："嶓冢导漾，东流为汉，又东为沧浪之水；过三澨，至于大别，南入于江，东汇泽为彭蠡；东为北江，入于海。"又在《导汉》中写道："岷，山导江，东别为沱，又东至于澧；过九江，至于东陵，东迆北会于汇；东为中江，入于海。"

《导汉》中"至于大别，南入于江"，《导江》中"东迤北会于汇"，皆写的是今武汉，在《贡道》中还有"于江、沱、潜、汉，逾于洛，至于南河"的记载。丰富的物产，便利的交通，加之通达四方稠密水网的中心区位，可以认为，这是《禹贡》作为奴隶制国家国土总体规划中，着力设计的全国经济中心，汉商由此显名。

我国最早的文学作品之一《诗经》中，有《汉广》、《沔水》、《常武》、《江汉》、《定之方中》和《殷武》共计六篇写及武汉，其中前四篇都是江汉连写，汉江入长江之口的地方就只有武汉了。如《江汉》共计六段，这里以第一段和第六段摘录于下：

江汉浮浮，武夫滔滔；匪安匪游，淮夷来求。既出我车，既设我旟；匪安匪舒，淮夷来铺。

……

虎拜稽首，对扬王休；作召公考，天子万寿；明明天子，令闻不已；矢其文德，洽此四国。

第一段是炫耀武功，征服了淮夷。这里淮夷系指南方诸多少数民族，周初中心地区是中原的华夏地区，其外围四周皆是非华夏的其他民族，其中南方为南蛮，也称淮夷。最后一段写的是在周朝强大武装力量的打击下，他们臣服于周朝的统治，接受周朝的教化，特别是愿意接受制度的约束，真正实现了民族间的融合，达到国泰民安，表明《禹贡》中的建国理念已经成功地实现。

三、千古流传，历代对武汉商都的描述

蔡邕（132—192）在《汉津赋》中写道：

> 南援三州，北集京都，上控陇坂，导财运货，（懋）贸迁有无。

齐王简栖（479—502 年在位）在《头陀寺碑》中写道：

> 南则大川浩瀚，云霞之所沃荡；北则层峰削成，日月之所回薄；西眺城邑，百雉纡余；东望平皋，千里超忽，信楚都之胜地。

范成大（1126—1193）在《吴船录》中写道：

> 鹦鹉洲前南市，在城外，沿江数万家，廛闬甚盛，列肆如栉，酒垆楼栏尤壮丽，外郡未见其比。盖川广荆襄淮浙贸迁之会，货物之至者无不售，且不问多少，一日可尽。

陆游（1125—1210）在《入蜀记》中写道：

> 泊黄鹤楼，在石镜亭、南楼之间，正对鹦鹉洲，沿江边堤上，市肆数里不绝。鄂渚移舟江口，回望堤上，楼阁重复，灯火歌呼，夜分乃已。市邑雄富，列肆繁错，城外南市亦数里，虽钱塘（南宋都城，今杭州）、建康（南宋故都，今南京）不能过，隐然一大都会也。

刘献廷（1648—1695）在《广阳杂记》中写道：

汉口不特为楚省咽喉，而云、贵、四川、湖南、广西、陕西、河南、江西之货，皆于此焉转输，虽欲不雄天下，不可得也。天下有四聚，北则京师，南则佛山，东则苏州，西则汉口。然东海之滨，苏州而外，更有芜湖、扬州、江宁（今南京）、杭州以分其势，西则惟汉口耳。

孙中山（1866—1925）在《建国方略》中写道：

夫武汉者，指武昌、汉阳、汉口三市而言。此点实吾人沟通大洋计划之顶水点，中国本部铁路系统之中心，而中国最重要之商业中心也。三市居民数过百万，如其稍有改进，则二三倍之，决非难事。现在汉阳已有中国最大之铁厂，而汉口亦有多数新式工业，武昌则有大纱厂；而此外汉口更为中国中部、西部之贸易中心，又为中国茶之大市场；湖北、湖南、四川、贵州四省，及河南、陕西、甘肃三省之各一部，均恃汉口以为与世界交通唯一之港，至于中国铁路，既经开发之日，则武汉将更为重要，确为世界最大都市之一矣。所以为武汉将来立计划，必须定一规模，略如纽约、伦敦之大。

四、誉满全球，世界对武汉的关注

近代地理学创建人李希霍芬（Ferdinand von Richthofen，1833—1905），于 1868—1872 年来华进行科学考察，在其巨著《中国，个人旅行的成果和在此基础上的研究》一书中，曾记述了他由上海乘轮船到汉口的旅行，他写道："扬子江与其最大支流汉水会合地，名为武汉三镇，是一座桅杆如林的城市，商业繁荣是香港、上海等沿海港口城市所不及的，在世界其他地方也没有见到这样大的内地城市。”他到达汉口的时间是1870年9月下旬。

还有一位英国地理学家罗士培（Percy M. Roxby，1880—1947）1912年来华，直到1947年逝世于南京。他的巨著《中国手册》第三卷，书名为《中国·经济地理、港口与交通》，专门写有一章，名称是“长江之港——汉口”，书中写道：“海轮可由上海起程，沿长江干流上驶602英里，到达有长江之城之称的汉口。沿江一岸约6英里，停泊有许多欧美和日本的轮船，这些船只可以与许多世界性港口直达；汉口以上长江两岸和支流汉水，则停满了通达长江中、上游各地的帆船。中国人称外国商船叫洋船，外国的商品为洋货。汉口是中国最大的出口港，世界各国的中国商品多由汉口出口；世界各国商品在中国内地销售，也由汉口批发。世界上只有北美五大湖流域的芝加哥，可与之相媲美。”

还有专写汉口的著作，如1917年出版，由菲尔德维克写作的《汉口》一书，是英国的指南性读物。其内容为介绍世界各大商业港埠情况，为英国商人到世界各地经商提供方便。华中师范大学历史文化学院姚伟钧教授的译文，发表在杨蒲林、皮明庥主编的《武汉城市发展轨迹》上。王永年在该书上还介绍了1984年出版的美国罗威写的《汉口：一个中国城市的商业与社会(1796—1889)》。

美国著名学者，曾任上海沪江大学教授的葛德石

(George B. Crestey，1896—1963）在其著作《亚洲之地与人》和《中国之地理基础》中，皆写及汉口，前书中写道：“中国腹地的商业都会汉口，扼汉水入长江之口，孙逸仙认为是中国首都最适宜的地点，将是未来世界的经济中心。商业之盛次于上海，而冠盖全国。”后一书写道：“长江流域是中国的黄金地带，武汉被称为长江之都，是中国辽阔腹地的中心市场。”

总之，武汉是世界上最古老的城市之一，又是一个长盛不衰的可持续发展的城市。在实施我国第四大战略，即中部崛起战略中，武汉城市圈和长、株、潭城市群获准，以资源节约和环境友好型社会综合改革配套试验区起步，为中华民族伟大复兴，作出更辉煌的贡献。

第二节　长江之城　商业之都

一、全球的长江，世界的武汉

长江是世界第三大河流，长达 6300 千米，仅次于尼罗河（6671 千米）和亚马逊河（6437 千米），居世界第三位；河口年平均流量 32400 立方米／秒，仅次于亚马逊河（212000 立方米／秒）和刚果河（39000 立方米/秒），又居世界第三位。既长又流量丰富的大河，长江堪称世界第二位。而且全球五大文明发祥地，包括长江、印度河、底格里斯河—幼发拉底河、尼罗河和格兰德河均在 N30°线上。因此，学术界称 N30°为人类文明发祥地带。但其他四大河流或发源或注入于N30°线，只有长江干流是横卧于N30°线上，而且其他四大河流只诞生了人类文明，后来皆沙漠化，成了全球著名的沙漠带，只有长江例外，长江流域迄今还养育着世界1/10的人口。

神秘的N30°线上聚集了世界上著名的自然和历史的文明（见表1），今天还缀置了四个著名城市，非洲的埃及首都开罗、北美洲的新奥尔良、亚洲的武汉和伊拉克的巴士拉。除新奥尔良外，三个皆是世界最著名的古城之一，尤以开罗和武汉名冠古今。大诗人李白（701—762）还写了一首诗："黄鹤西楼月，长江万里情；春风三十度，空忆武昌城。"

表1 神秘N30°线上聚集的世界著名的自然和历史的文明

名称	主要特征
世界最高山峰	珠穆朗玛峰，海拔8844.43米
世界最深海沟	马里亚纳海沟，最深11034米
世界最高高原	青藏高原，平均海拔4500米
世界最大沙漠	撒哈拉沙漠，面积770万平方千米
世界最大半岛	阿拉伯半岛，面积300万平方千米
世界最长裂谷	东非大裂谷（东非—死海），全长6400千米
世界最长河流	尼罗河，全长6671千米

续表

名　称	主　要　特　征
世界最年轻的海	红海，400 万年
世界高峰最多的山脉	喜马拉雅山脉，10 座超 8000 米，50 多座超 7000 米的高峰
世界最深的峡谷	雅鲁藏布江大峡谷，深 5382 米
世界最大的地下海	撒哈拉沙漠，地下储水面积 460 万平方千米
世界最长的运河	京杭大运河
世界货运最多的运河	苏伊士运河
世界热极	巴士拉（伊拉克）1991 年 7 月 8 日 59.8℃
世界人口最多的国家	中国，13.4 亿（2011 年）
世界人口最多的民族	中国汉族
世界四大文明古国	埃及、巴比伦、印度、中国
世界七大奇观	古代埃及金字塔、奥林匹亚宙斯巨像、阿尔忒弥斯神殿、摩索拉斯基墓陵墓、巴比伦空中花园、亚历山大灯塔、罗德岛太阳神巨像
世界三大宗教	佛教、基督教和伊斯兰教皆产生于 N30°
魔鬼三角	迈阿密、哈密尔顿、圣胡安这个三角，也叫百慕大三角

二、长江之城，从远古走来

李白在《与史郎中钦听黄鹤楼上吹笛》写道：“一

为迁客去长沙，西望长安不见家。黄鹤楼上吹玉笛，江城五月落梅花。”可见武汉早在一千多年前便有江城的美誉。在 6300 千米的长江沿线，缀置着数十座城市，除江海两兼的上海外，以武汉位居首位。

长江流域年降水量达 19360 亿立方米，相当于黄河、黑龙江、松花江、塔里木河、辽河、海河、淮河、滦河、鸭绿江我国北方九条大河总量 16348 亿立方米的 1.18 倍。但长江中游宜昌站检测的年平均含沙量约为 1.18 千克/立方米，而黄河中游龙门（三门峡）等四站检测的年平均含沙量却为 36.9 千克/立方米，长江的含沙量仅为黄河的1/31。河流含沙量小，说明水土保持得好。长江流域最早开发距今已达 7000 年以上，是人类最早的文明发祥地。正由于水土保持得好，生态环境没有遭受破坏，在其他文明因生态环境破坏而在逐渐经历沙漠化的过程中，长江流域仍能保持独善其身的可持续发展，这是中华民族对世界文明的最大贡献。而武汉 3500 年前首先建城，之所以长盛不衰，可持续发展，与整个流域生态环境保护得好直接相关。其奥秘何在呢？

回答这个问题的关键是：一种最好的作物品种——水稻；一种最优的耕种形式——水田；一种最好的驯化耕畜——水牛；两种最好的驯化家禽——鸭和鹅；一种最好的水资源利用系统——堰塘养殖与灌溉系统，这五种最好组成一个水稻生态系统。

长江的源头为金沙江，藏族称其为“折曲”，意为

"米河"，因其流域盛产稻米故名；长江上游四大支流之一的雅砻江，藏语称为"尼雅曲"，意为"多鱼之水"；金沙江和雅砻江合起来，长江流域便是"鱼米之乡"了。水稻原产我国，性喜温湿环境，它可以充分利用我国夏秋温湿、冬春冷干的季节变化，与麦类施行稻麦两熟耕作制度，以解决我国人口众多的粮食供应问题。为了营造温湿的环境，早在4700年前，便开始了水田这一人工景观的建设，这便是水平田块，尤其是梯田、涵冲田、塝田、畈田、垸田和圩田等土地利用类型，一个最大特点是水稻必须种植在水平的田块中，才能正常生长，这就避免了土地利用中的水土流失；水平梯田与堰塘灌溉系统的结合，使农业实现稳产高产，并实施农、林、牧、副、渔五业结合，这应该是相当科学的农业生态系统，因而维持了数千年可持续发展和长盛不衰的繁荣。

长江流域可持续生态系统的建立和维持，不仅养育了流域内占全国40%的人口，还起着两个巨大的作用，一是黄河流域因生态破坏，在天灾人祸的重要关头，长江流域担当起了避难所的作用。中国五千年文明史中的人口迁移，始终以南迁为主。长江流域原居民族——南蛮，主要是彝、苗、瑶等族被迫他徙，使长江流域，尤其是中下游地区，成为几乎是纯汉族地区，但其原籍皆为黄河中下游地区。二是北方，主要是黄河流域，尤其是安阳、长安、洛阳、开封和北京五大古都，以及九边边防军事人员，依靠南方的粮食供应，长江的漕运成为国家的生命供应线。

武汉为何建城于3500年前，又为何在一个超过最高洪水位线以上地域面积只5%的地方，有着史不绝书的水灾，但还保持了长盛不衰的发展史，原因便是四川盆地、两湖盆地和长江中下游平原，是长江流域三大水稻产区，漕粮在此集散，然后通过汉江北运，由唐白河转陆运至洛阳；由丹江和金钱河转陆运至长安；由举水接潢水—淮河—涡河至开封；后来首都迁至北京，京杭大运河的主要功能，便是漕粮运输。扬州成为漕粮北运的枢纽，但长江中上游的漕粮还是集中于武汉。武汉至扬州的长江航线，不仅是中国最繁忙的内河运输线，而且在全球也是难以比拟的内河运输轴线。

三、集散中心，商业都会

在漕运中心的带动下，漕船固然以漕粮为主，但漕粮皆是单向运输，返程皆是空船，从运输经济学角度讲很不合理，于是漕运逐渐变成商品运输的载体，最典型的便是苏北淮盐运至武汉，再在两湖和豫、陕等省分销，盐引、盐税成为国家最重要的财税来源。第二是漕船顺带重量很轻的茶叶至北方，销往边外游牧的少数民族地区。游牧地区的兄弟民族皆以肉、乳为主食，人们食后极易发胖，一发胖便无法劳作，需要饮茶以助消化。北方蒙古族喜饮奶茶，即将砖茶和牛、羊奶一起煮制；西部藏、回族喜饮酥油茶，即用沱茶与酥油一道煮沸后饮用。茶捐、茶税是国家财政收入的又一主要来源，武汉成为全国最主要的茶市。此外，越来越多的国内各地的特产商品在武汉集散，这些商品还以武汉发达的通江达海水运为载体，向世界许多国家出口，内地最大商贸港口一跃成为最大的出口大港。

唐代诗人李频在《送鄂渚韦尚书赴镇》诗中写道："夏口本吴头，重城据上游。戈船转江汉，风月宿汀洲。"江汉漕运的重要，如《新唐书・食货志》中写道："河南尹刘晏为户部侍郎，兼句当度支、转运、盐铁、铸钱使，江淮粟帛，由襄、汉越商于以输京师。"又如《旧唐书・食货志》："宝应元年（762 年）五月……是时淮、河阻兵，飞挽路绝，盐铁租赋，皆溯汉而上。以侍御史穆宁为河南道转运租庸盐铁使，寻加户部员外，迁鄂州刺史，以总东南贡赋。广德初……河运不通，漕运由江、汉自商山达京师。"唐以前，都城在长安和洛阳，汉江是漕运的主线，江陵和襄阳为国家重镇，江陵是全国王都督府的南都，襄阳为山南东道驻地。由于江陵不能开通长江与汉江的直接水运，只能绕道至鄂州，四川、湖南和长江下游江南东西两道的漕粮皆集中于鄂州，再经汉江北运至襄州，一循唐白河北运洛阳，一循汉江—丹江和汉江—金钱河至商州运长安。因此，江陵、襄阳和鄂州成为湖北鼎足三立的三角。宋代建都开封，一是开封经周口、潢川、麻城至鄂州的驿道开通，即后来的汉豫公路；二是江淮运河，转涡河至朱仙镇达开封，鄂州一枝独秀，加之此后又定都南京、杭州和北京，长江和运河就构成主要的漕运线路，江陵和襄阳渐趋衰落，武汉成为长江中游地区唯一中心。

长江流域的开发是很早的事情，考古遗址说明早在7000年前，我们的祖先便创造了灿烂的长江文明；但流域内的发展是不平衡的，尽管盘龙城遗址是长江流域最早的城市聚落遗址，但其海拔高度仅25.7米，在武汉今天设防水位（26米）以下，当然不适宜永久性城市聚落的存在与发展，以致后来长期被湮废。长江中游沿岸最主要的问题便是汛期江湖水位高于两岸陆地地面高程，形成“悬河”。纪南城遗址、江陵城、沙市、武汉等，皆是县河港埠，虽有无限商机，但无永久性建城条件，以致沿岸没有形成富甲天下的城市。唐人的“扬一益二”，扬州为天下第一，益州为天下第二，但扬州是运河港埠，益州（即成都）为支流岷江和沱江港埠，也非长江干流沿岸港埠。武汉绝大多数地方的平均高程为18米，比最高港水位低了11.93米；只5%的地面在最高洪水位线以上。

第三节　港口优良　水灾频仍

一、巡司河和沌水，造就了古代武汉港

长江长达6300千米，加上11条主要支流的通航总里程达9693千米，占全国总里程的45%，除上游金沙

江的 825 千米是分四段通航外，其余 10 条干支流，皆为整河贯通型，构成一个流域通航体系。全国共有五条河流通航里程超 1000 千米，除长江 2713 千米外；黑龙江为 1890 千米，为中俄界河，中国一侧港口少，利用率很低；黄河居第三位，长度为 1646 千米，但分八段通航，也不能充分发挥通航作用；汉江通航里程 1313 千米，松花江为 1226 千米，分居第四和第五位。尤其是汉江，地处中国腹地，汉中盆地、南阳盆地和江汉平原作为其三大经济腹地，所以其重要性仅次于长江。武汉之所以重要，就因为它地处江汉之汇。

然而，近代以前，河流通航还主要是木帆船，航行主要动力一是河流自上往下流速的推动；二是风力的借助，许多皆是顺流航行，尤其是木簰（排）运输，往往是木排运货后，拆开将竹木也同时当货物出卖。木帆船一般不大，载货也不是很多，来到武汉停泊的木帆船有 2.5 万艘左右，泊船的港区面积常常很大。在这里，桅杆如林，正体现着港口的规模和优越。古代武汉的港口与两条小河——巡司河与沌水有关。长江自城陵矶—白螺矶往下 58 千米，又有石头口（赤壁山）—乌林矶，再下 126 千米便是赤矶山（金口）—纱帽山，再下 20 千米至龟山—蛇山，再下 30 千米便是阳逻—青山。长江这些束口，江面狭窄，水流湍急，不适宜于港口的建立；但两束口之间江段，江面开阔，水流缓滞，加上沙洲湧出，洲侧江面形成风小无波的江湾，是最优的帆船港口，龟、蛇两山之上游，先后出现鹦鹉洲、刘公洲、白沙洲、金沙洲、补课洲（新鹦鹉洲），洲内还有一系列湖泊，沌水和巡司河便是湖、江连通的水道，帆船还可入湖碇泊。这便是古代夏口（今武昌）南市和汉阳南市汉口两大航运中心。

二、天然良港，无地替代

赤矶山—纱帽山和龟山—蛇山两束口间，中国最大两条航运河流——长江和汉江在此交汇，两江漕船，商船数以万计，以此为终点，没有巨大的水域空间，是难以适应的。我们祖先在两江间，选择了许多地方建城筑港，如盘龙城遗址（黄陂）、纱帽山遗址（汉南）、楚王城遗址（云梦）、鄂王城遗址（大冶）、禹王城遗址（黄州）等，皆无法适应对港口选择的需要。北魏郦道元（465 或 472—572）在《水经注·江水》中写道："江水又东径叹父山（今蔡甸区上磨子石，对江为江夏区石咀），南对叹洲。亦曰叹步矣。江之右岸，当鹦鹉洲南，有江水右迤，谓之驿渚，三月以末水，下通樊口水。"当时，石咀江中有鹦鹉洲，石咀正在叹洲之上，洲东有青菱湖、黄家湖、汤逊湖、南湖等，这些湖泊皆与长江相通，形成巨型大港毫无问题。无奈叹洲很小，而且地面高程太低，每当汛期皆被水淹，无法兴建一座永久性的城市，只能望此兴叹！驿渚江湖连通，而且这些湖泊皆属梁子湖水系，故与樊口水相通，形成很好的内湖航运系统。

石咀当鹦鹉洲之头，这里无法建城，人们只好将洲尾的黄鹄山作为新的希望。郦著写道："江之右岸，有船官浦，历黄鹄矶西而南矣，直鹦鹉洲之下尾，江水溠曰洑浦，是曰黄军浦，昔吴将黄盖军师所屯，故浦得其名，亦商舟之所会矣。"今武昌蛇山以南，古代有都司湖、歌笛湖、长湖和墩子湖（今紫阳湖）等一系列湖泊，并直接与江水相连通，尽管港口条件远不如驿渚。郦著写道："船官浦东，即黄鹄山，林涧甚美，谯郡戴仲若野服居之。山下谓之黄鹄岸，岸下有湾，目之为黄鹄湾。鹄山东北对夏口城，魏黄初二年（221 年），孙权所筑也。依山傍江，开势明远，凭墉藉阻，高观枕流，上则游因流川，下则激浪崎岖，实舟人之所艰也。"这样的条件还要建筑城池，也是迫不得已而为。

长江左岸，也是港口条件很好，但建城条件却更加不好。道元写道："又东北至江夏沙羡县西北，沔水从北来注之。沌水上承沌阳县之（太）白湖，东南流，为沌水，径（沌）阳县南，注于江，有（沌）阳都尉治。晋永嘉六年（312 年），王敦以陶侃为荆州镇此。明年徙林鄣。"沌水入江口与汉江入江口毗连，附近包括墨水湖、三角湖和太子湖，也形成江湖连接的很好港口，这便是古代的汉口港。

武汉有史不绝书的水灾，诸如"水没城圮，漂民庐舍"、"水及门楣，舟触市瓦"、"江湖合一"、"戍楼垂钓"、"人家百万水中萍"等记载不绝于史。据不完全统计，自唐末以迄民国约1100年间，记载有大水灾117次，大约十年一遇；1865年汉口建有水文站，到1949年共84年，其中16年水位超26米（武汉设防水位），平均为五年一遇。不仅如此，由于港口船只密度很大，极易引起火灾，如唐广德元年（763年），鄂州一次火灾，焚商船三千艘，延及岸上商户二千多家，死伤二千余人。

武汉港口条件优越，驿渚、黄军浦和沌口都很优越，但可惜的是没有起码的建城条件。尽管如此，由于万船云集无法替代，从盘龙城遗址算起，3500余年来，武汉长盛不衰地发展下来，终于成就了巨型特大城市。这一点与今鄂州形成鲜明对比，今武汉市武昌与今鄂州，皆属古代鄂国的范围，这里由于湖泊众多，丘湖相间，古代统以鄂渚相称。屈原（约前340—约前278）在《楚辞·涉江》中写道："乘鄂渚而反顾兮，欸秋冬之绪风。步余马兮山皋，邸余车兮方林。"郭沫若（1892—1978）认为文中的鄂渚就是今天的武汉市武昌，20世纪50年代初东湖风景区开始建设，请他对鄂渚定位，他给予了肯定答复，"行吟阁"三字便是他的手迹。可是张之洞（1837—1909）在《樊口审坝私议》中认为："《楚辞·涉江》'乘鄂渚而反顾兮'，据六朝以前言鄂渚皆指今武昌县（今鄂州）。《韩诗内传》曰'水溢为渚'，然而《楚辞》所云鄂渚，即今樊口内之梁子湖无疑。"1957年安徽省寿县埔东丘家花园，出土了战国时期楚怀王六年（前 323 年）所制的《鄂君启节》铭文四件，谭其骧（1911—1992）在《鄂君启节铭文释地》和《再论鄂君启节铭文释地答黄盛璋同志》两文中，均把航运启始港定为今鄂州，然而郦道元在《水经注》中却早已否定了鄂州的可能性。“鄂县北，江水右得樊口。”道元注：“樊口之北有湾。昔孙权装大船，名之曰长安，亦曰大舶，载坐直之士三千人，与群臣泛舟江津，属值风起，权欲西取芦洲，谷利不从，及拔刀急止，令取樊口薄舶船，至岸而败，故名其处为败舶湾。”王国维校时引《江表传》曰：“孙权于武昌，新装大船，名为长安，泛之钓台，泝时风大盛，谷利令柁工取樊口，权曰：当张头取罗洲；利拔刀向柁工曰，不取樊口者斩，工即转柁入樊口，风遂猛不可行乃还。”鄂州有很好的建城地形条件，西山往东直到今燕矶，有 14 千米长的平冈，海拔 40 米左右，属永久性建设用地，加上西山南麓，今鄂城钢铁厂和水泥厂等大型企业用地，最高洪水位以上地域面积约 200 平方千米，在长江中游干流沿岸，应是理想的建城地方。事实上，鄂州旧称樊楚，孙权建都前，汉初便在此建城。《水经注》说：“城东故城，言汉将灌婴（？—前 176）所筑也。”鄂州之所以未能代替武汉，主要原因便是不能形成优良的港口，没有港口便无商机，城市便无法发展。孙权于魏黄初元年（220 年）自公安徙鄂，至黄龙元年（229 年）迁都建业，在此达十年之久，并“分建业之民千家以益之”，但仍无改观。

孙皓徙都武昌，《三国志·吴书·陆凯传》说：“皓徙都武昌，扬土百姓溯流供给，以为患苦，陆凯上疏曰：‘又武昌土地，实危险而塉确，非王都安国养民之处，船泊则沉漂，陵居则峻危’，且童谣言：‘宁饮建业水，不食武昌鱼；宁还建业死，不止武昌居。’”武汉虽无建城条件，但港口优越，商机无限，故虽屡屡淹毁，仍能长盛不衰。

三、优良的近代港口，成就百年辉煌

1863 年美国旗昌洋行客货轮“惊异号”从上海首航汉口，开辟了汉申航线。汉申航线长 1125 千米，汛期可航行万吨级海轮，枯水期也能航行 5000 吨级江海轮。加之武汉港上起沌口，下止阳逻，长 42.2 千米，二江四岸皆可建筑岸式码头，尤以龙王庙以下汉口一岸最为优越。武汉以上至宜昌，汛期可航行 3000 吨级，枯水期只能航行 1000 吨级江轮。武汉距海岸在 1000 千米以上，却能供海轮进出停泊，是我国唯一的内陆海港。而武汉以上长江流域面积 168 万平方千米，占流域总面积的 93%，向心状的汇流于武汉，武汉因此成为举世瞩目的中国港口。民国元年（1912 年）汉口港输出、输入总额为 13503.22 万两，仅次于上海的 18591.01 万两，远超过天津的 10225.81 万两，广州的 9617.06 万两，大连的 6052.43 万两和重庆的 5471.21 万两，居全国六大港口的第二位。

据全国海关对 1865—1931 年 67 年的统计，武汉在全国对外贸易总额中，有 42 年居全国第二位，18 年居全国第三位，只有 7 年居全国第四位，没有第五位及以下位次的记录。而且是全国唯一出口大于进口的大港，出口额一直保持全国首位。欧、美、日发达国家抢滩汉口，15 个国家在汉口设立总领馆和领事署，五国在汉口设立租界，于是形成五国租界、十里洋场的繁华景象，武汉因此闻名于全世界。

第四节　举国市场　舍此无他

一、通江达海，内地唯一

长江从青海发源，沿途经藏、川、滇、渝、鄂、湘、赣、皖、苏、沪等十个市、省、区，至上海注入东海，全长 6300 千米。其中上游川、贵、云三省山地面积分别占全省总面积的 72.1%、80.3%、80.8%，是一个地形崎岖的闭塞之地；四川和重庆合为四川盆地，交通不便，自古有“蜀道难，难于上青天”之说；云、贵两省为云贵高原，向有“地无三尺平，天无三日晴，人无三分银”之说，贫穷落后的根源便是交通极端落后。长江流域 180 万平方千米的总面积中，上游占了 100 万平方千米，占了 55.6%的比重，由于交通的闭塞落后，导致经济社会发展缓滞。春秋战国时期，楚和濮是两个地居三峡地区的部落国家，后来楚国成为春秋五霸和战国七雄之一。楚国靠什么强大？这是楚史研究中的最大难题，以致后来许多学者将楚国的发源地，从三峡中的秭归搬到沮漳河流域、蛮河流域和丹淅流域，无非是找一块适于农耕的好地方，将农耕作为富国强兵的根本，这在上古史中是一个真理。后来唐代诗人杜甫（712—770）以两个问题设问："若道仕无英俊才，何得山有屈原宅?"和"若道巫山女粗丑，何得此有昭君村?"他的答案是楚人（以秭归为例）具有"最能行"的本领，也就是驾驭船只通过澎湃湍急的三峡的本领。楚国掌握100万平方千米上游地区与80万平方千米的中下游地区之间的物流运输，实施"农不如工，工不如商"的战略，这一战略使长江流域取得了超常规经济社会发展，上游的四川盆地成了"天府之国"，中游的两湖地区成了"湖广熟，天下足"的好地方，下游地区的长江下游平原被誉为"上有天堂，下有苏杭"，楚国以长江流域的开发为前提，怎能不强大富饶，产生屈原、王昭君一类杰出人才是很自然的事情。

《史记·楚世家》记载有："熊绎当周成王之时，举文、武勤劳之后嗣，而封熊绎于楚蛮，封以子男之田，姓芈氏，居丹阳。楚子熊绎与鲁公伯禽、卫康叔子牟、晋侯燮、齐太公子吕伋具事成王。"熊绎受封时居丹阳，当时与他一道工作的人，封的爵位都比熊绎要高，周王朝只给了他一个最小的男爵，这当然是楚国很不满的事情。至熊绎的孙子熊渠，就公开地表露了出来。《楚世家》记录道："熊渠生子三人。当周夷王之时，王室微，诸侯或不朝，相伐。熊渠甚得江汉间民和，乃兴兵伐庸、杨粤，至于鄂。熊渠曰：‘我蛮夷也，不与中国之号谥。’乃立其长子康为句亶王，中子红为鄂王，少子执疵为越章王，皆在江上楚蛮之地。”向来诸侯国的爵位是由周王朝颁发，最高爵位也就是公，熊渠到了鄂以后，不仅自颁爵位，而且还将三个儿子皆封为王，与周王朝的皇帝平起平坐，自己就是管王的太上王。这当然是犯上作乱的反叛行为，是楚国自立为王之始。熊渠到了鄂以后，何以便敢于亮出底牌，敢于与周王朝分庭抗礼呢？他到了今武汉，看到了总揽全流域水运的大港，楚国有此经济、文化和军事实力，怎能不使他信心百倍地发飙呢？

二、西北和北方，陆运的终点在汉江

汉江是仅次于长江的第二大通航河流，通航里程1313千米，汉中也即南郑，是汉江航运的起始港，是大西北通往祖国中东部和长江流域的水陆运输枢纽，历史悠久，成为重镇。我国大西北近300万平方千米，加上山西、内蒙西部，总计约400万平方千米的广大地区，除黄河及若干支流，如渭河、汾河有分段通航条件外，基本上没有水运条件，因此汉江1313千米通航里程，弥足珍贵，比如举世闻名的丝绸之路和茶麻古道。丝绸之路是横贯亚欧，由中国长安（今西安）经河西走廊、新疆、中亚抵地中海东岸，达欧、非国家，是中国丝绸出口世界的运输通道，自公元前二世纪至唐、宋时期，长达一千多年。茶麻古道—襄阳—南阳—晋中—集宁—乌兰巴托—伊尔库茨克—新西伯利亚—圣彼得堡，蚕丝、丝绸、茶叶、砖茶、芝麻、麻布等产自长江中下游地区，国内皆由汉江北运至襄阳和汉中，然后再由陆运转往甘新和甘青。晋商是茶麻古道的贩运中间商，他们的大本营为武汉，购买砖茶和（芝）麻袋后，沿汉江经襄阳沿唐河至赊店，沿白河至南召，然后陆运至洛阳，沿黄河—汾河至古交，然后马运或驼运至今内蒙地区和蒙古；还有一路是走涢水（府河）至安居或环潭（皆在今曾都境），经陆运至随阳蚕西兴隆集，沿滚河至樊城转唐河北上。20 世纪 80 年代初地名普查时，在曾都区安居和环潭还见到山西会馆庞大建筑群。汉口的山西会馆设在小关帝庙、财神庙和清和宫之间，几乎占据汉口最繁华地段的一个街区，与南面大关帝庙即今江汉关毗连。陕西会馆在今硚口，原在皮行码头附近，后来与山西人合建山陕会馆，则改在杂粮行码头背后。

长安（今西安）和洛阳古代是中国著名都城，都曾是超百万人口的特大城市，但两市附近地区在当时很难支撑庞大非农业人口的食物和副食的需求；加上这一地区民族很多，常常与汉族聚居的潼关内外地区发生战争，汉族为了不受其他民族的侵扰，有庞大的边防军戍守，军需供给也增加了负担。蔡邕（132—192）于东汉末年便在《汉津赋》中写道：“南援三州，北集京都，上控陇坂，下接江湖，导财运货，懋（贸）迁有无。”

武汉通过汉江航运，把长江流域的益州、荆州和扬州的物资，供应两都和大西北的需求，这种功能作用的发挥，在全国所有商埠之中，只有武汉一地。

三、中国的中心市场，舍此无他

历史上的水运时代，武汉凭借长江干流，通达大西南。楚国的崛起和繁荣，保持了八九百年之久，此后的2000多年间，这种特殊的功能和景象一直延续。中国大西南兄弟民族众多，由于交通闭塞，各地经济、社会发展极易产生地方割据势力，因此国家的统一能够维持长达四千余年之久，是与长江流域的开发，尤其是航运的发展是紧密相关的。在水运为主的漫长历史时期，以武汉为中心的长江流域水运网络系统，不仅维系着中国经济、社会的发展，还维系着中国的统一和56个民族构成的中华民族的和谐。武汉的"买全国"和"卖全国"特征，正是其真实的反映。

时至今天，武汉是长江航运的中心，是祖国腹心的海港，由于重庆至上海2713千米航道平均水深达2.9米及以上，超过密西西比河的2.74米，密西西比河可以通行3～4万吨级船队，则长江达到此水平，应无问题；考虑到三峡和葛洲坝船闸只按1万吨级设计，但武汉以下航道水深可达5米以上，通行5万吨级船队不成问题。近年来陆续开通的一系列高速公路和高速铁路在武汉交汇。孙中山在90年前的规划，拟将武汉建设为中国陆路运输中心，现已即将变为现实。由于武汉的地理位置，全国航空中心更是非武汉莫属了。集水、陆、空三位一体的全国中心——武汉因此成为中国的中心市场，这就是世界商海将目光聚焦武汉的道理所在。

四、腹心之地，十亿人口的巨大市场

网上购物、物流配送、金融结算，21世纪的世界市场，概以此为最大亮点。以武汉为中心，以1000千米为半径画圆，则整个中国中、东部都在圆内。圆内50万人口以上的近百座城市与武汉之间，皆有一种以上最现代化的交通运输线相通达。具有十亿人口的消费市场，加之中国人均国内生产总值由800美元增加到今天的2000美元，时间还不到10年，是一个欣欣向荣的国际巨型消费市场，环球之内没有可以比拟的对象。

尽管武汉市社会商品零售总额还在北京、上海、广州、深圳四市之后，还有天津、南京、杭州、沈阳四市紧随其后。但除武汉外，其余八市，概在中国主要消费区的边缘。虽然北京、上海和广州三市开通了通往全国的道路线网，但是偏隅一方的地理位置，仍然无法减少运费的过大支出。武汉有六省进京专列，有十六列至穗专列，四列至沪列车所必经，这是铁路的情形；若是公路和水路，还要更胜一筹。

第五节　三镇游移　凹地聚宝

一、江城春秋，难觅静土

长江流域总面积180万平方千米，但168万平方千米在中、上游地区。上游的青、藏、川、滇、渝五省区市，几乎全境没有海拔高程为 0—100 米的地域，100—300 米的地域也微乎其微；中游的鄂、湘、赣三省，湖北 0—100 米的面积占全省总面积的 35.7%，湖南占 18.7%，江西占 19.5%，这是水灾频发的地域，湖北历来是水灾最严重的长江流域省份。湖北 1/3 以上的地域略呈盆地之形，盆底便是武汉市，全市总面积中只 5% 的土地在海拔 30 米以上，即最高洪水位线以上，其余 95%的土地概在最高洪水位线以下。不少地方还是十年九淹之地，如汉口地面高程为 18—25 米，最低的地方仅海拔 16 米。

武汉最大、历时最久的问题，莫过于适于永久性的城市建设用地难觅，盘龙城遗址只是昙花一现，在其先后在今武汉城区，在一些处于最高洪水位线（海拔 30 米）以上的近冈地域，都有遗址出现，如武昌南湖道人桥，东湖之滨的放鹰台，汉阳永安附近的陈子墩和汉南的纱帽山，汉口东西湖的柏泉和吴家山等处，皆有出土遗址；在武汉附近的云梦、孝感、黄冈、鄂州、大冶等地，出现了一批古城遗址。从地理位置，尤其是区位条件来说，武汉及其附近地区，要建设一座或一系列城市，我们的祖先很早便有这一决策，如最早的历史著作《禹贡》，最早的文学著作《诗经》、《楚辞》等，皆有记载。然而尴尬的是这些只占总面积 5%的最高洪水位线以上的丘冈，有如繁星一样撒落在江汉平原最低凹的大地上，因而适于建城条件的地方，十分难觅。

湖北是楚文化的发源地，也是楚国的中心区域。但在楚史研究中有一个千古不解的谜，便是楚的发源地究竟在何处？楚的发源地在长江以北，汉江以西的鄂西北地区，当可肯定。但这块地区总面积大约有 6 万平方千米，还有一系列其他兄弟民族，谭其骧院士在他主编的《中国历史地图集》上，将楚和濮皆定位在今神农架地区，尤其是香溪河流域。鄂西北地区红色砂岩遍布、丹霞地貌发育，楚国最早都城名为丹阳，依名称应是位于丹水的南面，谭其骧主张丹阳即香溪右岸的秭归城，这沿袭了《水经注》的定位；黄盛璋、钮仲勋认为在沮漳河南岸；沿袭了《左传》的记载，“江、汉、沮、漳，楚国之望也”，这便是“丹阳枝江说”；石泉认为在鄢（今蛮河，古夷水）河入汉的楚皇城（今宜城）或今丹江口水库的丹淅流域，都是新说；其实，还有南漳的漳水峡口的流传。

楚国的国都除后期迁往淮河流域如陈和寿春外，在湖北境内几乎有八百多年。历史上湖北是一个多民族聚居之地，南蛮和淮夷便是其总称，楚国是一个多民族国家。楚和一些诸侯国的统治者一样，也是华夏族，但统治的百姓大多是非华夏的少数民族，此后由于华夏族从北方和东方徙入，湖北大部分地区成为纯汉族聚居地区，只江南的鄂西南地区，即今恩施土家族苗族自治州和宜昌市的长阳和五峰两自治县为少数民族集聚地区。

根据第五次全国人口普查结果看，湖北可以识别的兄弟民族达 29 个，是名副其实的民族博物馆，至今还留有历史上多民族聚居的痕迹。

在长江流域，尤其是干流所经的川、滇、鄂、湘、赣、皖、苏、沪八个省市中，湖北是个很特殊的省份。比如四川（包括重庆市）和云南两个上游省，海拔 1000 米以上的山地分别占 64.3%和 89.9%，川、渝虽然山地占总面积的比重较云南要小得多，但超过 3000 米的高山面积占总面积的 41.8%，这些高山沿边分布，构成一个几无出口的四川盆地，在历史的长河中，甚少受外界影响，以自我发展为主导；云南与贵州类似，不同的是云南以 1000—3000 米为主占总面积的 89.9%，而贵州 300—1000 米为主，占总面积的 78.7%，没有 2000 米以上的山地，而云南 2000 米以上山地占 51.7%，道路交通建设十分艰难，不易受外界的影响。所以，长江上游发展的封闭性，是一个恒久不变的地理特征。在长江干流下游，上海市平均海拔高度仅 4 米，只松江县的宗山，是其最高峰，海拔为 97.5 米；江苏省总面积中，0—100 米占 89.5%，还有 8.8%的水面，超过 100 米以上的地域面积只占 1.7%；安徽 0—100 米占 68.7%，100—500 米占 20.6%，水面占 3.2%，三者合计 92.5%，其最大特点是其开放性，“海纳百川”成为上海和长江下游的共同特点。中游三省，皆以丘陵、平原为主，海拔 500 米以下地域江西为 84.8%，湖南为

71.1%，湖北为63.4%，具有上、下游兼而有之的特点，即既有一定的封闭性，也有一定的开放度；其中，江西和湖南皆为北有开口的盆地地形；湖北和湖南的江汉平原和洞庭湖平原连为一体，共同构成两湖盆地，盆地的特点是封闭性。湖北与湖南、江西也不一样，湘、赣两省的平原集中于省境北部，分别为洞庭和鄱阳两湖，吸纳四条大的河流，湘、资、沅、澧和修、赣、信、鄱，其中江西平原不足1/5，大多地方为100—1000米的丘陵，占4/5，是一个很少水、旱灾害的省份，成为黄河中下游地区或因自然灾害，或因战乱人祸，居民外徙的最优吸纳地，从而成为江西填湖广、湖广填四川，形成全流域人口迁移的发源地。湖北平原面积在长江流域仅次于沪、苏、皖，而沪、苏、皖海拔在0—100米的下游，尤其是三角洲地区，水灾比较少见，但在距离入海口1000千米的中游，尤其中游段1050千米干流，落差很小。长江流域年均径流量中，上游占46%，中游占47%，两者合计达93%，如此巨大的水量加上流速缓滞，水灾频发，中国政治、经济、文化的繁荣、繁华多在黄河沿线的四大古都，安阳、长安、洛阳和开封，长江下游也有金陵和钱塘（即今南京和杭州），地处我国腹部地区中心的湖北，成为空洞化的中心地区，便是自然造成的人文现象。

二、向心状水系，自然天成的市场

长江上、中游，除鄱阳湖水系和鄂东江北五水和江南的富水等支流外，全流域几乎所有干、支流皆汇聚于武汉，长江流域武汉以上流域面积为168万平方千米，占流域总面积的90%以上；武汉及其以上地表水年资源总量达1854.4亿立方米，占全流域总计的75%，占全国的22%，而物资交流和商品流通在古代一般由陆运和航运来实现，武汉自然条件、尤其是河流水运的独有特色，致使市场能自然形成，城市借助市场产生和发展。万船云集，桅杆如林，既是古代武汉的城市形象，又是商贸繁荣的写照。

武汉5%以上最高洪水位以上的城区，不仅面积小，而且犹如水上浮萍，撒落在广大的低矮湖沼之间，蛇山、凤凰山、胭脂山、龟山、梅子山、凤楼山等，皆为弹丸之地，而且彼此不连接，不少小丘之上，均曾诞生过一些袖珍城市，如蛇山上的夏口城、龟山上的鲁山城等，由于空间很小，除衙门外，连居住者也很少。黄鹤楼和晴川阁，现在都是风景名胜地，历史上却是集会议、宴会、办公、游览于一体，有点综合服务大楼的味道。

武汉的市场独具特色，有河市、湖市、堤市、船市之别。河市是市场建在船上，沿河展布，武昌的巡司河，汉阳的沌水，以及鹦鹉洲内长江中的船市，大多以固定船只为店面，人们或划着小船，或行走在邻岸堤上购买货物；刘家洲、补课洲内，汉阳一侧长江也有船市；巡司河、沌水一头连湖市，另一头接江市，大多为两兼形式。武汉最有名的是堤市，武昌今解放路、花堤街、都府堤街、大堤口街等；汉阳如月湖堤街、鹦鹉大道、瓜堤街、拦江堤路、腰路堤街等；汉口的汉正街、长堤街、黄陂街、花楼街等，尤其是沿江大道、沿河大道、和平大道等，皆是著名堤街、堤路，商业皆极繁荣。商店面街背港，每当水灾，人货上船，店铺是木质结构的，木材多是木排拆卸而来，最怕火灾。

由于港口发达，货物充足，有所谓“货物充足达四海，财源茂盛达九州”之说，人口中绝大多数为外来，通行一种大家都懂的“普通话”——汉话。风俗习惯依移民来源，大别为川风吴俗，广语北调。饮食习惯更是多种多样，几乎囊括了全国各地之风味，鸦片战争后，甚至海外各国的西方餐饮和宗教信仰，也一并混合进来，形成不分地域和国界的商埠氛围。

第二章　源远流长的商都武汉

第一节　洪泛之地　荆楚崛起

武汉是我国超级特大城市之一，在世界和中国地图上，是一个很容易辨识的城市。在《中国地形图》上，映入人们眼中的是长江和其最大支流汉江在此相汇，武汉以上长江伸入大西南的纵深腹地，穿透我国第一和第二两级阶梯，在自然交通的水运时代，成为大西南连贯全国最主要的通道，华夏文明与众多少数民族习俗结合融化成闻名于世的长江文明，成为世界古典文明的组成部分；当现代世界进入可持续发展时代，两个阶梯形成巨大的落差，蕴藏有巨大的水能资源，开发出来便是巨大的清洁能源，源源不断地供应复兴中华民族对能源的旺盛需求！大西南丰富的地上和地下资源，也是中国永远的宝库，是祖国繁荣富强的物质基础。武汉以上的汉江，伸入祖国的大西北，黄河文明通过汉江与长江文明连成一体，共同形成统一的华夏文明，从而打上了汉文化的深深烙印；当时代进入 21 世纪时，华北、西北和东北这辽阔的北方大地，由于水的稀缺，已成制约其经济社会发展的严重问题，中线南水北调，将清澈的汉江之水，调往北方，这是和谐社会建设的“琼浆玉液”，汉江在祖国腹地的地位和作用，就如同丹江口水库的一库清水一样，滋润着大中华的心田。武汉以下的长江，贯穿着大华东，川流不息的运输船队，将大西南、大西北、大中南和大华东组成为一个密不可分的有机总体，形成世界的经济实体之一。在长达五千年的中国历史上，武汉便是江汉交汇的这个黄金三叉结构的结合点。

在犹如蛛网的《中国交通图》上，在长城以南、兰州—昆明一线以东地区，有两个中心枢纽，这便是武汉和郑州；如果将水、铁、公、空四种运输形式，连成一体来考虑，郑州由于基本上无水运，故要剔除，武汉便成为唯一的中心枢纽。“财源茂盛通四海，货物充足达九州”，这是历史上对武汉的美誉；而在对未来的预测中，居于水、铁、公、空中心枢纽的武汉，将随华夏民族的伟大复兴，称雄寰宇。然武汉在“两图”上，长江出峡后，马上进入海拔 50 米以下的平原，长江沙市、城陵矶和汉口三个水文站，在近代先进仪器的测量下，安全下泄量为 6 万立方米/秒，然而长江和洞庭湖、汉江两支流水系，增加的水量 2862 亿立方米，在汛期常常出现大于 6 万立方米/秒的流量，为了不使洪水淹没长江两岸的农田和村庄，不得不修筑高堤，加以阻遏洪水的泛滥，因此中游和汉江中下游皆成为悬河，即汛期两江成为水位高出两岸陆地的河流，沙市、新堤、陆口、武汉，以及沿江一系列的城镇港口，都是极易受水灾之害的地方；非但如此，沿江城镇大多建在河漫滩自然堤上，一般地势较城外陆地略高，因此水灾一旦发生，除了备用船只可以用作逃生外，大多数没有救生工具的人都会葬身于“泽海”之中。

长江中游平原，地势很低，十年九淹，一旦淹没，城镇居民的生活物资全部要依赖外地供给；若是风调雨顺，则农、林、牧、渔、副业全面丰收，所谓“沙湖沔阳州，十年九不收；若是一年丰收了，狗子不吃糯米粥”，这些物资又需出售，进行金钱的积累，以备荒年生活的维持，因此中游地区，很早便发展了商品经济。《史记·货殖列传》记载有九位大富商，为首者为范蠡，此人便与湖北有关。盛弘之《荆州记》：“荆州华容县西，有陶朱公冢，树碑云是越范蠡。”又云：“江陵县东有陶朱公冢，其碑云是越之范蠡而终于陶。”前引于《史记·越世家正义》，后则引自《文选·王仲宣（登楼赋）注》。郦道元在《水经注·夏水》中写道：“夏水历范西戎墓南。”王隐《晋书·地道记》曰：“陶朱冢在华容县，树碑云是越之范蠡。”《晋太康地记》、盛弘之《荆州记》、刘征之《荆州记》并言在县之西南；郭仲产《湘州记》言在县东十里，检其碑题云：故西戎令范君之墓，碑文缺落不详，其人称蠡是其先也。碑是永嘉二年（308 年）立，观其所述，言之凿凿，故违众说从而正之。根据《史记·货殖列传》：“范蠡既雪会稽之耻，乃喟然而叹曰：‘计然之策七，越用其五而得意，既已施于国，吾欲用之家。’乃乘扁舟浮于江湖，变名易姓，适齐为鸱夷子皮，之陶为朱公。朱公以为陶，天下之中，诸侯四通，货物之交易也。乃治产积居，与时逐而不责于人，故善治生者，能择人而任时，十九年之中三致千金，再分散与贫交疏昆弟，此所谓富好行其德者也。后年衰老而听子孙，子孙修业而息之，遂至巨万，故言富者皆称陶朱公。”

范蠡致富可称为灾害经济学，掌握好丰歉规律，丰年由于供大于求，物价便十分低廉，国家可倾力采购，不使物贱伤农的情况发生；灾年由于求大于供，物资短缺，国家便可将丰年采购的物品出售，供应市场的需要，以平抑物价，保证供给。一个国家如果没有丰歉的巨大差异，经济便可平衡发展而富强，越国勾践卧薪尝胆，之所以能获得成功，是因吴、越地相毗连，丰灾年景一样，灾年时越国因实行灾害经济学，不受影响；而灾年的吴国百姓四出逃荒，政局动荡，军心不稳，受到外来进攻，失掉抵御能力而失败。司马迁写道：“修之十年，国富，厚赂战士，士赴矢石，如渴得饮，遂报强吴，观兵中国，称号五霸。”

历史上，范蠡致富之地，之所以将定陶作为目的地，臧励禾在《中国古今地名大辞典》写道：“《史记·范蠡传》：‘适齐为郧夷子皮’”，就没有将地名冠入名号之中。因为《史记·越王勾践世家》中，几乎用了40%的篇幅写范蠡在楚国的活动，尤其是中子犯杀人之罪，用千金换赦免，是由长子办理还是幼子办理，范蠡本欲遣幼子，由于长子的坚持请求和范蠡夫人的劝告，结果由长子出面挽救，范蠡已算定长子去只会杀其弟，而不能救弟，最后范蠡预测成为现实。范蠡晚年，其家业由其子孙继承经营，并在楚国等待死之将至。司马迁在《史记·越世家》中写道："故范蠡三徙，成名于天下，非苟去而已，所止必成名。卒老死于陶，故世传为陶朱公。"值得说明的是魏晋南北朝时的华容县，本汉江陵县地，约相当于今潜江市、江陵县和监利县邻界地区。宋王象之《舆地纪胜》说："陶朱公墓，在监利。"

楚文王将楚都自丹阳迁纪郢后，楚国面对两湖盆地的长江中游平原"十年九淹"的现实，如果没有适合楚国特点的经济发展模式，要实现崛起是不可能的。范蠡的致富是缘于灾害经济学，此一学说与秭归丹阳的"最能行"和农不如工、工不如商的体制结合起来，楚庄王才能说："三年不飞，飞将冲天；三年不鸣，鸣将惊人。举退矣，吾知之矣。"庄王的先祖"熊渠甚得江汉间民和，乃兴兵伐庸、杨粤，至于鄂。熊渠曰：'我蛮夷也，不与中国之号谥。'乃立其长子康为句亶王，中子红为鄂王，少子执疵为越章王，皆在江上楚蛮之地"。

当然，历史上的记载，没有说明楚国建设有楚国特色的和谐社会的富强道路，是范蠡经商致富经验的推广，还是范蠡应用楚国灾害经济学理论，从商业上获得成功的范例。但是，历史上今武汉地区，灾害频繁，建了又毁，毁了再建，往复不断，但武汉的人气始终旺盛，真是置之死地而后生，是因为毁建之中，始终孕育着旺盛的商机，孕育着致富的巨大希望与可能！

第二节 商贾云集 都市天成

武汉号称中国历史文化名城。从考古遗址发掘来看，中国有两座殷商古城，一是郑州商代古城，产生于黄河流域，代表着中国的北方。然而，中国的历史记载，黄河流域产生了安阳、长安、洛阳、开封四座古代都城，有近四千年的历史，却始终没有郑州的任何记载，直到近代，京汉铁路和陇海铁路在此交汇，体现郑州成为全国陆路交通的中心枢纽，郑州超越安阳、洛阳和开封，成为河南省的首位城市；在整个北方，虽然还位于北京、天津、沈阳、哈尔滨、西安、大连、长春、济南、青岛、太原之后，但已不是默默无闻的角色；随着中原的迅速崛起，在未来的发展中，有可能重新成为中国北方的首城，回归历史的原来位置。二是武汉的盘龙城遗址，产生于长江流域，代表着中国的南方。在中国的历史上，长江流域产生了南京和杭州两座中国古代都城，同样武汉未列其中；非但如此，如苏州、绍兴、扬州、成都、广州等著名历史文化名城中，武汉似乎还不能忝列其中，即使湖北省内，江陵和襄阳的历史地位也要更显于武汉；时至今日，中国南方上海、香港、广州、深圳位列前四位，南京、杭州、福州也有很强的实力，武汉雄据中国中、西部的头把交椅，尽管重庆已是中、西部唯一中央直辖市，但也不能撼动武汉的地位；展望未来，武汉非但首位于中、西部，而且还有可能成为未来中国的首位城市，实现历史的回归。

郑州、武汉起源特早，而历史少记或无记，应是中国历史上的最大悬案，迄今尚无专门的论述，即便是一孔之见，也没有检索到。后人以为，郑州之所以被撇开在历史之外，主要原因与黄河泛滥史有关，黄河原本沿今卫河——子牙河至天津注入渤海，谭其骧院士论证为《山经黄河》或《禹贡黄河》，后来黄河溃口，袭夺济水，而成今天的黄河，济水本是中国古代“四渎”之一的重要河流，后因黄河的袭夺而消失；黄河又溃口，曾袭夺颍河—淮河，东流注入黄海，曾维持了很长时间，在河南东部形成著名的黄泛区。在漫长的历史时期，黄河北夺海河、东夺济水、南夺淮河，像一把扫帚一样，来回扫荡，形成著名的黄淮海平原，也即华北平原—黄河中下游平原，这个溃口集聚点便是郑州，黄河是中国历史上手屈一指的“害河”，“害”祸之源在郑州，郑州成了抑恶扬善中抑恶的总源头，周王朝在东周时主要领地，春秋时期强大诸侯国的郑国，到战国时期便被韩、魏吞并而消失，从此湮埋在历史的尘封之中。

大禹治水，这是中国历史上彪炳千秋万世的历史主线，尽管在大禹之后，水、旱灾害并未消失，而且还有愈演愈烈的趋势，但华夏儿女深知以当时的社会发展开启之时，经济力量十分有限，人力资源又极端缺乏，想一蹴而就完成浩大而艰巨的治水任务，是根本不可能的，因此，并不以成败论英雄，给予了他亘古无第二人的最崇高的荣誉！然而，大禹最值得称道的是他留下的不朽著作《禹贡》了，其著作仅一千余字，却是一部中国完整的国土资源整治开发总体规划，规划的总目标便是建设世界上最为强大、富有、和谐的国家。时下党和国家提出的中华民族的伟大复兴，便是按照《禹贡》规划建设的中国，以世界第一强国屹立于世界几近四千年之久，只是最近两三百年落在发达国家的后面。郑州和武汉两座商城遗址，可能便是根据《禹贡》规划建造的城市。

武汉盘龙城是长江流域及其以南地区最早的城市聚落遗址。商代中期建城后，直到公元前 323 年的《鄂君启节》铭文，中间有 1177 年的时间，武汉盘龙城完全从历史文献记载中消失。究其原因，是因为今武汉以上的长江流域中、上游，流域总面积 168 万平方千米，这一面积的径流集中于此，仅通过一道河流东行入海，因此水灾频繁，据不完全统计，自唐末以迄民国的 1100 余年，记载有较大水灾 117 次；1865 年汉口建水文站，到 1949 年共 83 年，其中 16 年水位越过 26 米；也就是说历史上水灾频率是十年一遇，近代是五年一遇。因此，历史上在武汉地区出现的盘龙城、却月城、马骑城、曹公城、梁公城、箫公城、汉津城、汝南城等古代城址，在历史过程中荡然无存，即便是废墟也根本不存在。

武汉地处江汉平原，地势低下，除一些孤丘外，大多地方地势十分低下，三镇大多市街海拔高度约 20 米左右，而武汉最高洪水位为 29.73 米，如果没有堤防的保护，每值汛期，便成泽国。在平地上建的古城，后来皆被毁没，三国时期孙权只能在蛇山（海拔高度 84 米）和龟山（海拔 90 米）的两山上建城，但两山山体面积很小，蛇山面积 0.7 平方千米，龟山面积 0.295 平方千米，夏口城面积约 0.3 平方千米，鲁山城面积只 0.2 平方千米。这种袖珍式的古城，除了官府衙门外，寻常市民难以居住。但是随着长江流域及其以南地区的开发，随着商贸业的产生与发展，武汉便成为商贸航运都会，以船为市，形成举世皆无的先市后城的独特城市发展模式。

溯源武汉最大悬案，是鄂渚何指？一说是长江中的沙洲，位置在黄鹄矶上三百步，由于鄂渚这一沙洲的屏挡，长江东岸石咀以下，形成两个风平浪静的港湾，上面包括今天的青菱湖、黄家湖及其附近地域，称之驿渚，是长江流域漕船的停泊之所，属于国家统筹的粮食、盐、茶、金属矿产等运输船只，依此停泊，进行重新的编组和装卸。驿渚每值汛期，与汤逊湖、梁子湖等连成一体，江湾和湖泊共同构成庞大的水运港口，郦道元在《水经注》中写道：“（驿渚）三月以末，水下通樊口水。”一个四五百平方千米的大港口，即使今天在全球范围内也没有这样大的港口。二是下游一点，即今巡司河以北，包括武昌老城区山南，直至今晒湖、南湖，总面积也在一百平方千米左右，统称为黄军浦、鹄湾，乃商舟停泊之所。以船市和堤市为特点，长江流域及其以南地区所产的各种物产商品在此进行交易，形成巨大的商品市场。历史上，将驿渚、黄军浦统以鄂渚相称。

历史上，一是将沙洲庇护下的港口，认为是上古时期的鄂渚，有如汉代至明末，存在了1400余年的鹦鹉洲一样，包括位置在黄鹄矶上游三百步；功能有如防浪堤，形成洲内风平浪静的港湾，塑造大港口环境；认为鄂渚即今武汉市武昌的最早名称，历史上武昌又名鄂州，并非袭夺今鄂州市城名，而是依鄂渚而命名的地名。二是将鄂渚名称地域化，即湖北省长江以北的江汉（平原）湖群，统称为云梦泽；长江以南的鄂南湖群，统称为鄂渚；顾野王在《舆地志》中写道：“云梦之南为鄂渚。”历史上鄂渚之所以扑朔迷离，是因为不明白鄂渚之所以名气很大，是因为它是一个巨型的港口，长江流域包括四川、云南、贵州、湖南、湖北、江西等省的漕米数量十分巨大。木帆船运输动辄数十万艘，有时甚至达到百万艘以上，仅江湾停泊，再宽的江面也是无法容留，武昌、鄂州包括古鄂王城，涵盖了江湾和湖群，方才提供足够的可容量。显然鄂南湖群中金口以上的斧头湖、西梁湖以及黄盖湖并无此功能；樊口以下直至阳新的湖泊也是不包括在内的。鄂州市和武汉市江南四区的绝大多数湖泊以及驿渚、黄军浦（南浦），应是鄂渚的范围。实际上先秦时期整个鄂南地区统称为鄂，鄂王城遗址应是鄂的都城，在今大冶市金牛镇西畈乡胡彦贵村；秦代这一地区只置一个鄂县，作者以为原鄂王城也即秦鄂县县城；汉代在秦鄂县的西部设置沙羡（音怡）县，县治先在今江夏区金口，后徙今武昌；在鄂县东南，即阳新县设置下雉县；鄂县县治徙往今鄂州市城区，即灌婴所筑汉鄂县城。

今武汉地区在三镇未建坚固堤防之前，港口十分优越，江东自金口以下，江西自沌口以下，直至龟、蛇二山以上，不仅江面宽阔，而且东、西两侧皆为湖泊密集之地，江湖连接，形成巨大的港湾，为全流域和整个南中国经济社会发展，造就了一个与之相适应的巨大商贸港口。古代在今武汉地区形成由桅杆组成的无叶森林，日停泊的船只数以万计，最多时可达数十万艘，甚至超百万艘；流动的人口达数十万，甚至百万以上。武汉最大问题是永久性城址缺乏，以致最早的鄂王城建在梁子湖南岸附近，即今大冶市金牛镇旁；后来驿诸与梁子湖之间水流通道湮淤，鄂王城港口功能消失，鄂县县城后徙今鄂州市城区，《水经注》曰：“城东故城，言汉将灌婴（？—前176）所筑也。”陈寿（233—297）在《三国志·陆凯传》中写道：“皓徙都武昌，扬土百姓溯流供给，以为患苦，又政事多谬，黎元穷匮……又武昌土地，实危险而墝确，非王都安国养民之处，船泊则沉漂，陵居则峻危，且童谣言：‘宁饮建业水，不食武昌鱼；宁还建业死，不止武昌居。’”这就说明将鄂县城从鄂王城徙往今鄂州，并非正确，只能是勉强凑合；今日鄂州的历史地位，显然是作为今武汉的替代地而形成，今蔡甸城头山古城遗址，今江夏金口汝南城、沙羡城遗址，皆是替代今武汉而兴起。

三千多年来，发达的港口商业、无城的市场、很少永久性居民的巨型商都，自发地发展壮大，从未停歇前进的步伐。巨大的市场也牵引着城市的发展，孙权在蛇、龟两山上建城，海拔85米和90米，避免了洪水屡淹屡毁的局面，城区狭小，但国家可收取巨额的财税，历代王朝任命相当丞相一级的高官大吏，来此镇守。地方官员大多将其办公场所放到城外的黄鹤楼、禹功祠等公共场所，这种开放的行政管理形式，有别于其他地方等级森严的封建体制，许多官吏的政绩记载甚少，但他们在文学创作上，却能大放异彩，如《黄鹤楼诗词》、《禹功祠诗词》等都可载入文学史册。唐代大臣牛僧孺将蛇山以北的胭脂山、花园山、凤凰山、螃蟹甲等丘冈与蛇山进行连接，形成山后的唐城，不仅城区面积大为扩大，而且行政级别大为提高，成为新建置的武昌节度使的驻地，结束了受今鄂州管辖的历史。明代初年江夏侯周德兴将山前的丘冈连接起来，今武汉市武昌成为中国内地著名的大城市和商贸经济中心，才真正实现城与市的结合，结束了市大城小的历史。

汉阳由于刘公洲、新鹦鹉洲的出现，形成夹江和套湾，开辟为与隔江武昌南市对垒的汉阳南市，也是长江流域最为繁盛港口和商贸中心之一，但同样面临有市无城的尴尬。原来围绕凤栖山的土城，于宋宣和三年（1121 年）大洪水完全摧毁，南宋初年因宋、金战争形势日紧，武汉地区成为抗金前线，黄干屡请筑城，但直到南宋末年，还只是议而不决。明初围绕凤栖山建起了汉阳府城，规模不大，约相当于对江武昌明城的 1/5 左右。隔江相对的两座明城，1927 年北伐军力克武汉后被拆毁。

武汉在长达 3000 多年的漫长历史过程中，尽管没有可供建筑永久性城池的用地，市大城小和有市无城，一直没有根本性的改变，直到清末张之洞任湖广总督，在武汉兴建汉阳铁厂、汉阳枪炮厂，两厂皆在龟山之北、汉江南岸的极狭窄地方建厂；在武昌城外，长江东岸建纺纱、织布、缫丝和制麻四厂，地方之狭小恐怕不如今天一个中小企业的厂区。张之洞的最大功绩是将武汉改造成一座堤城，在三镇皆进行了大规模的堤防建设，然后进行土地经营，进行近代化的城市建设，辛亥革命后，武汉一跃成为全国的最大城市之一。武汉之所以长盛不衰，秘诀便是四通八达的水陆交通，尤其是近代以前的水运主导时代，无与伦比的巨大市场始终没有改变，商埠性的功能持续发展，直至今天从文献来看，武汉商都溯源，当从《尚书·禹贡》说起。

第三节 典经溯源 脉络幽晰

一、《禹贡》与武汉商都

武汉是我国著名的历史文化名城之一，但见之记载的文献资料很少。《左传》载："昭公四年（前538年），楚沈尹射奔命于夏汭。"按夏汭为夏水曲入江处的解释，汉江下游兼名夏水，其入江口为今武汉地区，应该可以肯定。1954年发掘的盘龙城遗址，经^{14}C检测为3500多年前的遗址，这最早的城市聚落遗址与最早的文字记载相差1000年之久，何况夏汭还只是自然实体名称，蔡邕（132—192）在《汉津赋》："（夏口）南援三州，北集京都，上控陇坂，导财运货，懋迁有无。"商都夏口似乎像火山一样突然冒了出来，盘龙城之后1200余年的今武汉，不见踪影，这是武汉城市史上遇到的最大悬案。

当我们阅读我国最早的史书《尚书·禹贡》时，尽管有关武汉的地名并没有在《禹贡》中出现，但隐含武汉的内容，却是最为突出的。如荆州便写道："荆及衡阳惟荆州，江、汉朝宗于海；九江孔殷；沱潜既道；云土梦作乂。"鄂西北的荆山山脉是荆、雍、梁三州的分界线；鄂豫皖交界处的大别山脉，其北为豫州，其东为扬州，其南为荆州，是荆、豫、扬三州的分界线；荆州与周围的扬、豫、雍、梁四州的相对位置交代得十分清楚。荆州属长江中游，洞庭湖水系和汉江水系从南、北分别来注，按理洞庭湖水系的流域面积为26.34万平方千米，年均水资源总量达2022亿立方米，而汉江流域面积约15.52万平方千米，年均水资源总量仅576.8亿立方米；汉江流域面积只为洞庭湖水系的58.92%，年均水资源总量只为洞庭湖水系的28.53%，从重要性来说，长江中游洞庭湖水系的重要性，远远超过汉江水系，但《禹贡》中没有洞庭湖水系的只言片语，而把汉江提高到与长江等量齐观的地步，这是为什么？汉江明明是长江的支流，但《禹贡》中汉江非但不是长江的支流，还是与长江并列的入海河流，“江汉朝宗于海”，这又是为什么？

江汉平原水的治理，关键是长江出峡以后，立即进入江汉平原。长江的比降大大降低，水流不畅，加上汉口水文站年均径流量达7392亿立方米，较宜昌站的4530亿立方米，增加了2862亿立方米，超过宜昌站的63.18%，如此大的增量，仅长江一江泄量很难担当，因此，《禹贡》主张，汉江不在今武汉地区入注长江，而是将汉口以下长江北岸河湖串连起来，形成与长江中江并列的北江，直接注入东海。非但汉江年水资源总量576.8亿立方米不入注长江，而且长江荆江段通过九孔分流，分流之水与汉江分流河道汇合，入注汉江。这是一项庞大的水利规划，如果能得以实施，武汉地区就可以从根本上解除水灾的威胁，江汉平原的开发和武汉的崛起，便指日可待。

《禹贡》中对荆州的贡赋物产，也是九州中记述最为精详的。内中写道："厥贡羽、毛、齿、革、惟金三品；杶榦、栝、柏、砺、砥、砮、丹、惟箘、簵楛，三邦底贡厥名。包匭青茅；厥篚玄纁，玑组。九江纳锡大龟。"不算标点共计 44 字；而冀州只"岛夷皮服" 4 字，兖州"厥贡漆丝，厥篚织文" 8 字，青州共计 24 字，徐州共计 29 字，扬州 30 字，豫州 14 字，梁州 14 字，雍州 7 字。传统的说法，一般认为先秦时期黄河流域的北方地区，经济发达，物产丰富，但《禹贡》却并没有如此描述，故以黄河流域雍、冀、兖、豫四州合计 33 字，而长江流域为 88 字，可见长江流域较之黄河流域要发达得多，物产也丰富得多，尤其是长江中游的荆州，更是异乎寻常地发达，楚国后来兼并梁、扬二州，形成一统长江流域及其以南的庞大帝国，是有其物质和经济基础的。所以，如《鄂君启节》铭文和《汉津赋》所描述的夏口商都，绝对不是空穴来风。

《禹贡》中运输贡品的水陆交通，也大有奥妙。当时作为水运核心的是长江和黄河两大航线。只有荆州长江及其分流河道沱水，汉江及其分流河道潜水，皆是通航河道，构成发达的州内水路运输网；不仅如此，还可经过很短的陆路，"逾于洛，至于南河"。实现洲际的跨河水运，与黄河运网的雍、豫、冀、兖四州相通达；其本身西通梁州，东达扬州，并通过邗沟和鸿沟与淮河运网的徐州相交通，九州之中只有位于山东半岛的青州，不能实现陆上水运，但仍然可经扬州实现海上交通运输。因此“浮于江、沱、潜、汉，逾于洛，至于南河”，实际上展现了远古时期九州的大交通运输网络除荆州外，任何一州也不具备的优势。荆州境内，只有今武汉地区是浮于江、沱、潜、汉的中心，别无他地，行文中没有今武汉的地域名称，但隐喻今武汉，又是一看便明的。

《禹贡》中的导山和导水，“导”皆是治理的意思，治水先治山，治山是为了治水的需要。围绕长江和汉江的治理，都辟有专门段落，叙述治山的情况，但历来的《禹贡》研究者，在释地之中分歧很大，加之古代没有大比例尺地形图，研究者大多属闭门造车式的书斋研究形式，很难一一厘清。故本文中删除导山一节，只专注于治水。汉江的导汉，文字较导江字数还多 6 字（均不计标点符号）。导汉的全文是：“嶓冢导漾，东流为汉，又东为沧浪之水；过三澨，至于大别，南入于江；东汇泽为彭蠡；东为北江，入于海。”这其中有两个关键点，一是承认汉江在今武汉注入长江，是一种汇合；二是合而再分，形成北江和中江，分别注入东海。此两点与总体规划：“江汉朝宗于海”，不相符合。总规划中将长江中游以下分为大致相当的两条河道，汛期多余的洪水保持畅通的河道，汉江下游的河道与长江中游河道宽度没有区别，如果能将洞庭湖水系增加的水量，得以渲泄出去，长江和汉江发生洪涝灾害的可能性就小，江汉平原便可很好地得以开发。但是本来是汇合的支流，人为地不让其汇合，是违反自然规律的，规划的科学性便大打折扣。因此在治理汉江中，承认与长江合流。但合而再分，《水经注》秉承《禹贡》的思想，江水（即长江）只写到青林口为止，青林口下分为北、中、南三江，沔水不仅代替了长江，还使太湖水系和钱塘江水系都成为沔水的三江分流入海的河流。《禹贡》的作者已体验到，作为大九州水上航运网络系统之中心和商贸大城的今武汉地区，若不能从根本上解除水患威胁，是难以屹立于华夏大地的。汉水的治理围绕这样的命题，是十分自然的事情。

治江的全文是："岷山导江，东别为沱，又东至于澧；过九江，至于东陵；东迤北会于汇；东为中江，入于海。"除首句外，全是中游内容，东别为沱，指长江出峡后，在今宜都、枝江间，形成百里洲，江水分成干流和岔流两股；长江在荆江段入注的最大支流为沮漳河，九江分流集中于下荆江，到城陵矶迎面遇到自东向西的幕阜山脉。全文的关键是"东迤北会于汇"，这指今武汉是明白无误的，从城陵矶至武汉是从西南至东北流向，至武汉转折成西北—东南向，九州大地只有江汉交汇，使两条通航河流交汇于一地，往西通达梁州，往北通达雍、豫，往东联络扬、徐，一个集六州的大都会，清楚明白地表达出来，这是《禹贡》对今武汉的神来之笔的描写。审视整个长江干流沿线，“东迤北会于汇”，除武汉外不可能还有第二个对象，武汉作为商都的根本优势，就是“会于汇”这一得天独厚的条件。武汉长盛不衰的奥秘，就是这一优势的始终保持。

从上述分析，我国最早的史书《尚书·禹贡》尽管没有直接以地名的形式表述，但对今武汉地区给予极端重视的规划与布局，使武汉在史前时期，便有了异乎寻常的发展，在九州中具有极端的重要性，因此如盘龙城遗址的发掘，《鄂君启节》铭文的出土，蔡邕《汉津赋》的描写，都是武汉史前发展的真实写照。我们将《禹贡》的复原研究，完全可以填补这一空白，也依稀可见我国最早商都——今武汉的最早形象。

《禹贡》是我国最早的史书，隐喻地描述了今武汉地区；而《诗经》是我国最早的文学作品，也有商都武汉的踪影。

附文

九州贡品商品比较表

冀州　岛夷皮服。

兖州　厥贡漆丝，厥篚织文。

青州　厥贡盐、絺、海物、维错，岱畎、丝、枲、铅、松、怪石、莱夷作牧，其篚檿丝。

徐州　厥贡惟土五色，羽畎夏翟，峄扬孤桐，泗滨浮磬，淮夷蠙珠暨鱼，厥篚玄纤缟。

扬州　厥贡惟金三品，瑶、琨、篠簜、齿、革、羽、毛、惟木，岛夷卉服、厥篚织贝；厥包橘、柚锡贡。

荆州　厥贡羽、毛、齿、革、惟金三品，杶榦、栝、柏、砺、砥、砮、丹、惟箘、簵、楛、三邦底贡厥名；包匦菁茅；厥篚玄纁、玑组；九江纳锡大龟。

豫州　厥贡漆、枲、絺、纻、厥篚织纩；锡贡磬错。

梁州　厥贡璆、铁、银、镂、砮、磬、熊、罴、狐、狸、织皮。

雍州　厥贡惟球、琳、琅玕。

九州贡道运输比较表

冀州　夹右碣石入于河。

兖州　浮于济、漯，达于河。

青州　浮于汶，达于河。

徐州　浮于淮、泗，达于河。

扬州　沿于江、海，达于淮、泗。

荆州　浮于江、沱、潜、汉，逾于洛，至于南河。

豫州　浮于洛，达于河。

梁州　西倾因桓是来；浮于潜，逾于沔，入于渭，乱于河。

雍州　浮于积石，至于龙门西河，会于渭汭。

二、《诗经》与武汉商都

《诗经·大雅》中，有《江汉》一篇。作为地名，以江汉为称的，只能是今天的武汉了。《辞海》认为《诗经》作于周初至春秋中叶，大致可以反映2500年前的情况。而武汉据考古发掘的盘龙城遗址，经^{14}C检测的年代为3500年前，为商代中期，是同郑州商城遗址并列的两座最早城镇遗址。但是盘龙城建城后，大约有1000年左右没有任何文献记载，直到《左传》载："昭公四年（前538年），楚沈尹射奔命于夏汭。"夏汭根据杜预（222—284）在《春秋左氏经传集解》中，诠释为"夏水曲入江处"，认为即今天的武汉了。但夏汭的实际情况并无只言片语的交代，使武汉研究者一头雾水。不知道商代中期，为何要到长江和汉江交汇的地方，建筑有宫殿的城镇聚落？建成之后为何默默无闻？差不多过了1500年才有一个地名出现在《左传》之中；直到东汉末年，蔡邕（132—192）写了一篇《汉津赋》，将一个夏口商都的形象，活生生地烘托了出来。所有这些无不说明，武汉城市史，尤其是上古史，简直是一个疑窦丛生的迷宫了。

《诗经·江汉》的全文

江汉

江汉浮浮，武夫滔滔。匪安匪游，淮夷来求。既出我车，既设我旟。匪安匪舒，淮夷来铺。

江汉汤汤，武夫洸洸。经营四方，告成于王。四方既平，王国庶定。时靡有争，王心载宁。

江汉之浒，王命召虎：式辟四方，彻我疆土。匪疚匪棘，王国来极。于疆于理，至于南海。

王命召虎：来旬来宣。文武受命，召公维翰。无曰予小子，召公是似。肇敏戎公，用锡尔祉。

厘尔圭瓒，秬鬯一卣。告于文人，锡山土田。于周受命，自召祖命，虎拜稽首：天子万年！

虎拜稽首，对扬王休。作召公考：天子万寿！明明天子，令闻不已，矢其文德，洽此四国。

笔者非古汉语文学专业，没有读过《诗经》注释一类的文献，凭个人浅薄的理解，此诗似是周代朝廷大吏，在今武汉举行宴会上的一首祝酒歌，主人应是今武汉地区的最高首长，表彰他的文功武绩和对周王朝所作贡献。六段可分三层意思，首先是武功，一是降服淮夷，淮南是毗邻华夏的少数民族聚居之地，执掌今武汉地区周朝长官，有如后代的军区司令，首要任务是降服淮夷，让它接受周王朝的统治，浩浩荡荡的周王朝军队，车旗雄武，犹如长江和汉江浮天盖地的水流一样，使得淮夷服服帖帖归顺；二是用武力开疆辟土，周以前虞夏的疆域主要是黄河中游的华夏地区，周朝在今武汉的司令，在降服淮夷后，积极向周围地区扩张，今长江中下游地区也是周王朝的统治范围。其次是教化，疆域的扩张，以武力进行并非难事，因为周王朝派驻江汉的军事力量，无比强大；但要使南方诸多部落接受周文化，遵守周王朝的典章制度，礼仪习俗教养，使其与周王朝实现完全融合，非施行教化不可，周王朝以其基础地区发达的经济，灿烂的文化，良好的社会风尚，即以自身的模范作用，使其毗邻地区得到感化，自愿地成为周王朝的组成部分，后来周王朝的疆域甚至扩展到南海之滨，不是武力征服的结果，而是教化的成功。第三是建立国家和谐机制，实现国家的永续繁荣，“天子万年”、“天子万寿”都是其反映；“矢其文德，洽此四国”，实现其终极目标。

在《诗经》305篇诗中，为什么将周王朝的治国理念，国家的文治武功，也即将国家兴亡统统都寄望于江汉，这是为什么？《诗经》中写今湖北的诗共6首，除《定之方中》和《殷武》两诗中，未出现江、汉连写者外，余四诗如“汉广”、“沔水”、“常武”和“江汉”皆是写今武汉的。大家知道楚国从春秋到战国雄踞南方的八九百年中，都城曾经多次迁徙，但从未有迁徙到今武汉的记载。历来的史志作者，特别是秦、汉以后史志文献，几乎从不写到今武汉。倒是最早的史书《尚书·禹贡》，最早的文学作品《诗经》，不仅写了今武汉，而且都是浓墨重写，这是为什么？

《周易·系辞下》：“包牺氏没，神农氏作……日中为市，致天下之民，聚天下之货，交易而退，各得其所，盖取诸《噬嗑》；神农氏没，黄帝尧舜氏作……刳木为舟，剡木为楫，舟楫之利以济不通，致远以利天下，盖取诸《涣》；服牛乘马，引重致远，以利天下，盖取诸《随》。”由此可见，早在四五千年前，中华民族的祖先，一是发展了商业，建立了商业网络系统；二是建立了水陆交通运输业，形成了全国统一的商贸运输体系，如《禹贡》中的贡品运输体系。基于这种社会需求，汉江是唯一联系长江和黄河两大运输体系的运输干线，汉江流域既是人类文明的发祥地，又是最早形成发达的经济流域，世界上人口最多的民族为汉族，世界上使用人口最多的语言为汉语，世界上使用人口最多的文字为汉文，东方文明的代表是汉文化，（黄）河文化和（长）江文化皆是汉文化的两大源流，先秦时期最早的哲学、史学、文学、科学等一切为我们共同塑造的汉文化，上下五千年都是借着汉江流域作为文化的载体，延续至今。长江流域最早的城市聚落遗址——武汉盘龙城遗址，与黄河流域的郑州商城遗址一样悠久；汉江流域还有殷商古城竟陵城遗址，与武汉、郑州两商城时间大体相当。汉江之滨的屈家岭文化遗址与黄河流域的仰韶、龙山两文化遗址时代相同；西周早期荆楚也在汉江之滨崛起；郧县梅铺猿人和郧西县白龙洞猿人遗址，揭示了距今 50 万年—100 万年前人类祖先在此肇始的原生态场景。中国历史上最辉煌的篇章是在汉江之滨的南郑（今汉中市）受封的汉王刘邦，最终消灭暴秦和霸王项羽，建立了长达四百余年的太平盛世——汉王朝。

《尚书·禹贡》是一部国土资源整治开发的总体规划，是四千年前的建国方略，着眼于中华大地，地处江汉交汇的今武汉地区，自应是规划的重点。但是，武汉的地势低下卑湿，大约十年一遇的大水灾，使其建后遭毁，毁后再建，历史上往复发生，不要说殷商古都盘龙城，《诗经·江汉》、《鄂君启节铭》中那些远古的无与伦比的商都，了无踪迹可寻；就是一些文献记载的夏口城、却月城、马骑城、曹公城、萧公城、鲁山城等分布三镇的汉末至隋唐的古城，也淹埋得无影无踪；武昌南市、汉阳南市、塘角港市这些曾经繁华得没有可以比拟的商都，多者一千两三百年，有的甚至只一百多年光景，时至今日不仅找不到点滴可供观赏的遗迹，甚至连废墟也没有留存。笔者 1951 年首次到汉的情景，比如夏天满街的竹床，人们睡在竹床上沉入梦乡的情景，还恍如昨天。1961 年大学毕业分配到武汉工作，先后在白沙洲、楚才街、水陆街、崇福山街、华中村等地居住，自己和家人也是街上赤膊军的一员，时至今日就如隔世，踪影不觅。有 3500 年历史的武汉，却没有留下任何古迹！

《尚书·禹贡》将“江、汉朝宗于海”作为前提和基础，这是一个雄才大略的水利工程规划，九江孔殷，汉江单独形成北江，与长江并列单独入海，只有这样，今武汉才能从根本上免除水灾的肆虐。四千多年来，汉江—北江规划始终不能完成，江、沱、潜、汉统统汇聚于今武汉，于交通十分有利，形成稠密的内河运输网络，并且北联宛洛，与黄河干支航线联络，形成一个沟通九州的运输体系。而今武汉地区“东迤北会于汇”，形成“会于汇”的中心，成为大九州水陆交通枢纽，成为商业的都会。《诗经·江汉》描写的正是集政治、经济、文化于一体的国家都会的今武汉，如果不是史不绝书的频繁水灾，周王朝的都城、强大楚国的都城以及此后历代历朝的都城，都将是非今武汉莫属了。宋代诗人范成大（1126—1193）在《吴船录》中写道：“鹦鹉洲前南市，在城外，沿江数万家，廛閈甚盛，列肆如栉，酒垆楼栏尤壮丽，外郡未见其比，盖川广荆襄淮浙贸迁之会，货物之至者无不售，且不问多少，一日可尽。”这自然是宋代他所亲见的情景。实际上，3500 年来，武汉地处江汉之汇，有发达的全国水陆交通运输网络，有广阔的经济腹地，因此商机和市场便是今武汉长盛不衰的奥秘所在，“货物之至者无不售，且不问多少，一日可尽”。

今武汉自古为江城水都，陆游（1125—1210）在乾道六年（1170 年）写的《入蜀记》中写道：“泊黄鹤楼，在石镜亭与南楼之间，正对鹦鹉洲，沿江边堤上，市肆数里不绝。从鄂渚移舟江口，回望堤上，楼阁重复，灯火歌呼，夜分乃已……至鄂州，泊税务亭，贾船客舫，不可胜计，衔尾不绝者数里，自京口（今江苏镇江）以西皆不及……民居市肆，数里不绝，其间复有巷陌，往来憧憧如织，盖四方商贾所集，而南人为多。”武汉江城水都历史 3500 年，苏州水都历史 2500 年，意大利威尼斯水都历史 1400 年，因此威尼斯是西方苏州，苏州可称长江下游的夏口，夏口才是世界水都。美国芝加哥是内陆腹地水陆交通枢纽和商贸中心，迄今不过 233 年历史，而今武汉作为内陆腹地水陆交通枢纽和商贸中心起码有 2330 年历史，因此芝加哥应是西方武汉，这才是历史的真实。

清初毕沅（1730—1797）在《黄鹤楼铭并序》中写道：“（黄鹤楼）下则水师蒙冲在焉，岁以十月都试，吴戈犀甲蔽川耀日；江以西商旅百货之所凑，路道昼夜行不休，著籍户八百万，公私舟楫列樯成林；桴鼓一鸣，上下百里若示诸掌，奸宄无所匿其迹。惟江夏自宋立郢州以来，代为重镇，国家疆理天下，慎固封守，常以尚书侍郎镇抚其地，及司道之所治，百城冠盖，四至趋风，驿路剧骖；輶轩之使，不日则月，西南际海属国以百数，终王受吏，累驿来庭，往返上都，皆道于此。”以毕沅在 210 年前所述的今武汉市武昌的情况，再比照《诗经·江汉》中的描写，国之商业都会，水陆交通枢纽，商贸中心，这便是对江城商都的最好归纳。

诗仙李白（701—762）的三首诗，可作为《诗经·江汉》的诠释。《黄鹤楼送孟浩然之广陵》：“故人西辞黄鹤楼，烟花三月下扬州。孤帆远影碧空尽，唯见长江天际流。”这是武汉的东线航路，《早发白帝城》：“朝辞白帝彩云间，千里江陵一日还。两岸猿声啼不住，轻舟已过万重山。”这应算武汉的西路航线，《与史郎中钦听黄鹤楼上吹笛》：“一为迁客去长沙，西望长安不见家。黄鹤楼中吹玉笛，江城五月落梅花。”这是武汉的南、北两路航线。无论是全国，还是全球，能像武汉这样辐射全国、汇聚四方的都会，舍武汉尚无法找到别例。

三、《鄂君启节》与武汉商都

1957 年安徽省寿县城东丘家花园，出土了战国时期楚怀王六年（前 323 年）所制的《鄂君启节》铭文四件，随即引起史学界、考古学界、古文字学界和历史地理学界等领域的研究热潮。郭沫若的《关于鄂君启节的研究》，殷涤非、罗长铭的《寿县出土的鄂君启节》，商承祚的《鄂君启节考》，谭其骧的《鄂君启节铭文释地》和《再论鄂君启节地理答黄盛璋同志》，黄盛璋的《关于鄂君启节地理考证与交通路线的复原问题》和《鄂君启节地理问题若干补正》等。一个不争的事实是位于今梁子湖滨的大冶市金牛镇胡彦贵村鄂王城遗址，已是我国古代的大商都了。

《鄂君启节》是楚国中央政权颁发给鄂君的通关文书，类似于今天的通商文书。当时楚国无论是原都，即今湖北省荆州市荆城区楚纪南城遗址，一度为楚国都城的鄢，即今湖北省宜城市楚皇城遗址，还是楚国后期都城，今安徽省寿春县楚都遗址，都不是楚国的商都，而是大约在公元前 10 世纪时，“熊渠甚得江汉间民和，乃兴兵伐庸、杨粤，至于鄂。熊渠曰：‘我蛮夷也，不与中国之号谥。’乃立其长子康为句亶王，中子红为鄂王，少子执疵为越章王，皆在江上楚蛮之地”。内中熊红为鄂王的都城即位于大冶市金牛镇侧的鄂王城遗址。

根据《鄂君启节》铭文，楚国以鄂君所在的鄂都为中心，分舟节和车节，即今水路和陆路，分北路即汉水沿线，北至河南南阳，中间以陆路连接，然后再循淮河干流，通达淮河中、下游；东路走长江的北江航线，通达今安徽的江淮地区；西路沿江通纪郢和三峡地区；南路下分湘、资、沅、澧、油五水，通达湖南全境以及广西和贵州的部分地区。鄂君启节商路涵盖今湖北、湖南、安徽和河南四省，以及广西和贵州的部分地区。

鄂王城在先秦时期，之所以成为楚国最大的商都，也是经济中心，是因为它是鄂渚的中心。隋顾野王在《舆地志》中写道：“云梦之南为鄂渚。”在湖北，或长江中游地区，云梦泽的研究向来受到格外重视，历来研究的成果也颇多。云梦泽也称江汉平原，是长江和汉江交汇的三角洲，内部地势低洼，汛期顿成汪洋，平原内的江陵、钟祥、竟陵大城、沔阳、汉川、汉阳等城，历史十分悠久，但是发展却十分缓慢，便是因为这些城市始终无法避免水灾的危害。云梦泽地区在垸田未建前，是一个未曾开发的蛮荒之地，区域经济不发展，城市便无法崛起。但包括今黄石、鄂州、咸宁三市和武汉市的江南地区的鄂渚地区，沿江的赤壁、咸安、嘉鱼、鄂州市三区，黄石市四区和大冶、阳新两县（市）以及武汉市江南四区，丘湖相间，河湖水面彼此相通，长江受江堤约束，只石头口、金口、鲇鱼口、樊口、沣源口、富池口六口与长江相通，汛期以闸坝相隔，除起分洪作用外，很少有水旱灾害的发生，农业生产稳定高产，茶、麻、水产高度专业化，又有铜绿山古矿冶等采掘与加工制造业，产生商都和经济中心的条件极其优越。鄂王城地处鄂渚平原的中心，长江中游水系联系干支流，极为方便，鄂君启节铭文所形成的商都网络，在整个古代中国，没有他例。

鄂王城在秦时似仍是鄂县治所，汉初灌婴（？—前176）在今鄂州市修筑了汉鄂县城，郦道元在《水经注》中写道："城东故城，言汉将灌婴所筑也。"说明鄂王城已湮废。湮废的原因当首先是商路网络中心地位的丧失，鄂东江南地区沿江平原原与长江是开放性相通，湖水与江水水位相同，江水水位升降与湖水水位一致，大多低海拔地区每值汛期便会被淹，而鄂渚地区随着人口的增长和云梦平原人口的迁入，不控制水位便无法养育增长的人口，最简便的方法是在六口建筑闸坝，一者原来汛期内部水上运输系统被割裂，城镇市场范围萎缩；二者对外交通被堵塞，特别是巡司河（今武昌鲇鱼套）口与樊口间的水道的堵塞，鄂王城成为闭塞的死港，迁移到长江干流沿岸，便成为不可阻挡的趋势。位于今鄂州的汉城和位于今武汉的却月城、夏口城等，以及今江夏区的金口古城和团风县乌林镇（今团风县城）和黄州区的古邾城、永安城等，便是其产物。

我国古代商业的产生，源于神农氏，《周易·系辞下》："包牺氏（伏羲）没，神农氏作，斲木为耜，楺木为耒，耒耨之利以教天下，盖取诸《益》；日中为市，致天下之民，聚天下之货，交易而退，各得其所，盖取诸《噬嗑》。"前者是教民制作农具，利用农具进行农业生产；后者是教民进行交易，建立市场，发展商业。神农出生于今湖北随州厉山，正好处于涢水河谷平原，是发展早期农业和商业的理想试验场所。但涢水河谷平原十分狭小，发展封闭的自给自足的农业经济条件很好，邻近的枣阳雕龙碑遗址，说明在前6000—前5200年时，这里产生了无与伦比的原始农耕经济。但是，要发展开放的商品经济，这里显然受到地域的限制，沿涢水向中下游迁徙，势成必然。涢水下游，如云梦的楚王城遗址，下游的盘龙城遗址等，皆是其产物。盘龙城遗址是商代中期，楚王城是战国时期，鄂王城是公元前828年。盘龙城和楚王城没有成为楚国交通枢纽和商业中心，不可克服的障碍便是洪水威胁，始终不能解除。有意思的是铜绿山古矿冶遗址经^{14}C测年为3300年，这是世界上已发现最早的矿冶遗址，正好是青铜器时代，今鄂州市博物馆是我国和世界馆藏铜镜和钱币最集中的地方，在鄂州市吴家大湾石器和陶器遗址，以石器、陶器和青铜从原料采掘到加工制造为中心的手工业品加工制造中心、运输和贸易中心，成就了鄂王城商贸运输中心枢纽的地位。

鄂王城的水路干线，一是从鲇鱼口经巡司河通汤逊湖，汤逊湖与牛山湖本有马场咀河相连。《水经注》：“江水又东径叹父山，南对叹州。”叹父山即今太子湖入江口东的小丘，对江约为江夏区石咀。上述引文为经文，注文写道：“亦曰叹步矣。江之右岸，当鹦鹉洲南，有江水右迤，谓之驿渚，三月以末水，下通樊口水。”此注极重要，因为巡司河口隔江与汉江原入江口，即今汉阳区腰路堤，鄂王城的北路（汉江）、西路今沌水—通州河—内荆河—沮漳河，南路即今长江，至城陵矶入洞庭湖，沟通湘、资、沅、澧、油五水。后来湮塞的关键是武泰闸的兴建，隔断了江水入湖，汤逊湖水位不能高于牛山湖（梁子湖西汊湖），无法形成径流，两湖间的小河堙塞，水上航线不能维持。鄂王城经梁子湖与长港入江，通对岸青砖湖—南湖，沟通长河，这便是古代长江之三江的北江，形成《鄂君启节》的东路。

司马迁在《史记·货殖列传》中的“江陵故郢都，西通巫、巴，东有云梦之饶，北在楚夏之交，通鱼盐之货，其民多贾。”从《鄂君启节》铭文来看，楚国经济贸易中心，并不在江陵，而是鄂王城。楚国商贸对象主要是南阳。司马迁《史记·货殖列传》：“颍川、南阳，夏人之居也。夏人政尚忠朴，犹有先王之遗风，颍川敦愿。秦末世，迁不轨之民于南阳，南阳西通武关，郧关，东南受江、汉、淮，宛亦一都会也。俗杂好事，业多贾。其任侠，交通颍川，故至今谓之‘夏人’。”谭其骧在《鄂君启节》铭文路线图中，共标明有51个地名，仅南阳、颍川的地名就多达20个，因此，《史记》特别强调“北在楚夏之交”。然而，江陵从水路并不通汉江，也就无法利用汉江支流唐白河，实现与南阳、颍川的沟通，鄂王城则完全符合司马迁对江陵的描写。

鄂王城大约在秦代堙塞衰落，秦鄂县还驻鄂王城，但到了汉代灌婴（？—前176）在今鄂州市城区筑了东城，汉末孙权（182—252）于魏黄初元年（220年）自公安徙都于此，改鄂县为武昌县，鄂县徙治于袁（西）山东。灌婴在长江南岸、西山东麓兴建汉鄂县城，孙权徙都于此，说明《鄂君启节》铭的商贸运输枢纽找到了代替鄂王城的新址。但是鲇鱼口至樊口航线的堙塞，又使鄂州成了四百余年的政治中心，而今武汉市武昌才是真正的商贸运输枢纽，蔡邕（132—192）在《汉津赋》中写道：“（夏口）南援三州，北集京都，上控陇坂，导财运货，懋迁有无。”郦道元（466或472—572）在《水经注》中写道：“江之右岸，有船官浦，历黄鹄矶西而南矣。直鹦鹉洲之下尾，江水溠曰状浦，是曰黄军浦。昔吴将黄盖军师所屯，故浦得其名，亦商舟之所会矣。”南齐王简栖《头陀寺碑》写道：“南则大川浩瀚，云霞之所沃荡；北则层峰削成，日月之所迴薄；西眺城邑，百雉纡余；东望平皋，千里迢忽；信楚都之胜地也。”上述引文说明，楚、秦鄂王城堙塞后，向外迁至今鄂州和今武汉市武昌，皆是其最优的选择。其实今鄂州城区和今武汉市武昌区皆是楚鄂王统治的辖区，历史上鄂渚到底指今武汉市武昌黄鹤矶（即今武汉长江大桥武昌桥头）上游的沙洲，还是指今梁子湖流域，一直存在争论。而且今鄂州和今武昌互名纠缠1700余年，唐刘长卿（？—约785）在诗中写道：“雄图争割据，神器终不守。上下武昌城，长江竟何有？”

当然，到汉末，夏口已代替鄂王城，成为交通枢纽和商贸中心，而位于今鄂州市城区的武昌城，是制造业的中心，也发展得很好。郦道元在《水经注》中写道：“鄂县北，江水右得樊口。庾仲雍《江水记》云：谷里袁口，江津南入，历樊山上下三百里，通新兴、马头二治，樊口之北有湾，昔孙权装大船，名之曰长安，亦曰大舶，载坐直之士三千人，与群臣泛舟江津……”在公元2世纪，能制造可乘载三千人的大船，恐怕在全国、乃至全世界都无可比拟。孙权从公安徙都于此，因公安隔江与荆沙相望，荆沙乃楚郢都所在地区，则说明鄂县汉城较荆沙发展要好。尽管与长江下游的建业（今南京）相比要差，《水经注》写道：“江之右岸，有鄂县故城。旧樊楚也，《世本》称熊渠封其中子之名某者为鄂王；《晋太康地记》以为东鄂矣。《九州记》曰：鄂，今武昌也，孙权以魏黄初元年（220年）中自公安徙此，改曰武昌县。鄂县徙治于袁山东，又以其年立为江夏郡，分建业之民千家以益之。”

迁治后的鄂县武昌城，直到汉末还未达到已消失的鄂王城水平，已如上述。谭其骧不承认秦以前的鄂王城，他说：“总之，吴晋时曾以此城为长江中游政治中心，但武昌县治仍在楚、汉古鄂城，并未移治此城。”这与实际情况不符，因为大冶市西南高桥河西岸，今金牛镇西畈乡胡彦贵村，发掘了一座鄂王城遗址，出土了一系列春秋战国时期的铜戈、铜镞、铜戟、铜剑、车马器、铁刀、铁斧、铁鼎及金质郢爰，经考古鉴定为公元前828年楚熊渠封子红为鄂王的都城；宋代武昌县令薛季宣在《鄂城篇》一诗中写道：“鄂王城阙烟苍苍，鄂王宫殿波茫茫。今古都庐一饷顷，不见古人虚引领。亳殷丰镐已邱墟，蛮荆兴替将焉如。死生建业信徒语，石盆石渡犹多鱼。古人一去安足齿，近事纷纭尚如此。君不见，淮肥去岁是丰年，如今千里无舍烟。”这都说明楚、秦鄂王城与汉、吴古鄂城经过迁移，是早已论定的。

汉、吴鄂州城，北濒江，西纳樊口长港，水上运输和商贸业发达。东有夷市，当时鄂东北倒、举、巴、浠、蕲长江五支流，是五水蛮的集中分布地，晋陶侃（259—334）为荆、江二州刺史，都督八州军事，在武昌镇守，在县东专设夷市，与五水蛮进行商业贸易，《晋书·陶侃传》：“侃立夷市于郡东，大收其利。”但夷市属地区性交易市场，显然与《鄂君启节》所显示的楚国商都不可同日而语了。樊口北有著名的风景名胜望夫石，大诗人李白写道："仿佛古容仪，含愁带曙辉。露如今日泪，苔似旧时衣。有恨同湘女，无言类楚妃。寂然方霭内，犹若待夫归。"唐安史之乱时，北方赤地千里，饿殍遍地，而武昌韩仲卿为令，李白写有《武昌宰韩君去思颂碑》，其中写道："而此邦晏如，襁贫云集。居未二载，户口三倍其初。铜铁曾青，未择地而出大冶鼓铸，如天降神，既烹且烁，数盈万亿，公私其赖之。"

楚国商都鄂王城堙没后，长江鄂王城入口驿渚和出口樊口，便成为首先的迁移地，两口皆为鄂王的封地。而位于今天鄂州市城区的汉、吴鄂县驻地，建城的自然条件优越，尤其是地形条件优越，自樊口往东直到富池口的长江南岸，皆为丘冈地带，完全没有水灾的威胁，且北江南湖，无论是防卫，还是发展水陆交通，都是最优的城址选择，灌婴在此筑汉鄂县城，孙权在此建筑吴都，六朝时期武昌城一直是长江中游地区军事政治中心，皆因如此。而武汉包括三镇，因是长江和汉江交汇处，还有溠水、东荆河、通州河、汉北河、涢水、澴水、滠水、倒水等江、汉支流，俱交汇于此。武汉的重要性，早在《尚书·禹贡》中，对武汉便特别青睐，《禹贡》全文1072字（未算标点符号），涉及武汉多达124字，占总字数的11.6%，别无他例。尤其是给武汉定位、定性为"东迤北会于汇"。

武汉居于天下“会于汇”之地，它成为武汉之魂、之灵、之源，长江流域180万平方千米的流域面积，约占全国总面积的18.8%；流域人口占全国总人口的40%；将近半壁江山的实力。《禹贡》时代便开始将“会汇”之地的今武汉地区，通过水系提供的水运，货通天下，汇理经济，提到议事日程。但武汉的建城条件不好，除了几个山丘外，几乎所有的滨江平原，地势低下，概在最高洪水位以下，江北的最早城址盘龙城，以及其后的却月城，都在水灾频发的条件下消失，以致楚国的水运枢纽和商贸中心被迫建在鄂渚之滨的鄂王城。当汤逊湖与梁子湖间水上通道堙塞后，鄂王城没有水运的便利，商贸业也不能维持，昔日名城不能不重建新城，汉初灌婴在今鄂州市城区建设鄂县新城。但今鄂州在原鄂王城东、北、西、南四条水运轴线中，只能勉强开辟东路水运，而又因中断了与北、西、南三路水运货源和商品的来源，也处于难以为继的局面。汉末孙权只能在今武汉市武昌蛇山和汉阳龟山上建城，但蛇山和龟山皆是小山丘，城区的面积十分狭小，因此无法容纳日渐增多的人口和日益繁盛的水运和商贸业的发展。汉末蔡邕笔下之商都夏口，事实上在城外的南市，港口聚集在江中沙洲屏障的江湾——黄鹤湾内；市街建在江堤上，以单面街为主，迎江面为船只碇泊处，背江面为店铺。南市早在汉代，最盛时的人口达数十万，有时甚至有百万之众。堤街大多为木构建筑，极易形成火灾，有记载的如唐广德元年（763年），鄂州大火，焚商船三千艘，延及岸上居民两千家，死伤二千余人。武昌长江沿江上自金口，下至青山矶，长达60千米的大堤之上，碇泊着来自全流域的船只，其中，巡司河口最为集中，因为江面上屹立着长达10余千米的鹦鹉洲，洲内有浩瀚的黄鹄湾，并且与墩子湖、南湖、青菱湖彼此连接，形成风平浪静的港湾，成为举世无双的古代港口。蔡邕笔下的夏口商都，存在于武汉地域要早于却月城、夏口城和鲁山城等。

历史上武汉的港口，如武昌南市有近3000年的历史，汉阳南市也有近千年的历史，武昌塘角只60年历史，汉口襄河口港口也有500余年的历史，四易其地的巨大港市，在漫长的历史过程中，繁荣和兴旺景象却没有留下任何的遗迹。这是因为这几处港口，地势都很低，较洪水位还低，历史上平均不到十年一遇的大洪水，就会使得这些木质结构的房舍荡然无存。在此经商的人大多为外来人口，一是行帮经济，长江流域和东南沿海各省、市、区，在武汉皆有会馆行帮，他们以船为市，即便在岸堤上搭房盖屋，也多是临时性建筑，遇上十年一遇的洪水，有船在损失不大，水退后或修补旧房，或建新屋，生意重新开张，市面依样繁华兴旺。武汉毁灭性的灾难来自火灾，无论是木船，还是木构建筑，都极易引起火灾。据历史记载，三镇皆发生过毁灭性火灾，由于港湾狭窄，船舶密集，陆上建筑也此连彼接，故火灾一旦发生，往往水上和岸上焚船烧房，一片火海，曾有焚船万只、延烧岸上万余家、死伤数千人的特大灾害，损失特别重大，甚至导致整个港口的瘫痪与转移。武汉蛇山和龟山历史上楼阁很多，屡建屡毁，原因皆是火灾，多是由货船起火，延及临江建筑。

历史上无论是蛇山夏口城，还是龟山鲁山城，城垣面积十分狭小，大约都不到一平方千米；但城外如武昌南市、汉阳南市，连绵十余千米，动辄万户、十万户，最大达百万户，唐代张维枢在《黄鹤楼游记》写道："由掌背振衣再陟，见汉水如带，宫邸如云，烟火数万家如星罗，是为览胜亭……崖畔老枣数株，枯枝古干，当是千余年物，郭美命、宗伯歌行，有'安得累累（果实）扑满地，饱食江城百万家'之句。"鱼玄机（约844—约871）在《江行》一诗中写道："大江横抱武昌斜，鹦鹉洲前户万家。画舸长眠朝未足，梦为蝴蝶也寻花。"其同伴诗人腾安在《上鄂渚大雪》诗中写道："横堤疏柳啸寒风，吹起黄云一色同。鹦鹉洲边家十万，晓来都在水晶宫。"宋代诗人胡寅在汉阳《登南纪楼》诗中写道："平时十万户，鸳瓦百贾区。夜半车击毂，差鳞衔舳舻。"清初毕沅（1730—1797）任湖广总督，由汪中代写的《黄鹤楼铭·序》中，有如下记载："江以西商旅百货之所凑，路道昼夜行不休，著籍户八百万，公私舟楫列樯成林。"

第四节 楚商初荣 三国乾坤

一、楚商源流

时下湖北的地方史志，概以荆、楚相称，然荆和楚皆指一种矮小丛生草本植物，既称楚也称荆。这种植物主要分布于荆山山脉一带。楚的先祖重黎由于奉命诛杀作乱的共工氏，而未能诛尽，以致自己被诛杀，其弟吴回虽继位祝融，复居火正。夏、殷商时期尝为侯、伯，其居地或在中国，或在蛮夷，已经无法弄清其世代相传的谱系。周初楚的先祖鬻熊，以子爵为文王干事，当周成王时，熊绎虽然竭力效忠王室，但仍以子爵受封于三峡地区，今在秭归的丹阳。汉江以南、长江以北的今鄂西地区，可以说是上古时期的穷乡僻壤，按谭其骧主编的《中国历史地图集》的“商时期全图”和“西周时期全图来看”，与楚相邻的部落为庸、彭、卢、濮，后皆被楚消灭，后来向东扩展，并向北方参与中原逐鹿。问题是地处穷乡僻壤的楚国，凭什么发展？为什么与其毗邻的部落又不能发展而终致灭亡？在周初分封的八百诸侯中，楚的爵位仅为五等中的第四等，即子爵，后来楚国强大了，请求周王朝提高其爵位，又屡被拒绝，不得不自封为王，周王朝又只能听之任之，这又是为什么？

这些问题不是今天才发现，早在1300年前，唐朝诗圣杜甫（712—770）就以诗“若道土无英俊才，何得山有屈原宅”和“若道巫山女粗丑，何得此有昭君村”来加以考证。这比起现代有些学者，动辄采取地名搬家要高明得多。杜甫认为楚国根据地处峡江之中的地域特点，如何科学地认识和驾驭峡江，才是楚国繁荣兴旺的关键。峡江是联系“天府之国”的四川盆地和“湖广熟，天下足”的两湖盆地的唯一通道，但这一通道长达七百余里而又汹涌澎湃，要将其开辟为运输的大通道，没有独特的技术和本领，那便是船毁人亡的“鬼门关”，楚国先民前仆后继，终于掌握了“最能行”的本领，将两大盆地的交通运输和商业贸易发展起来，楚国怎能不强大富裕。杜甫的研究，结论是：“最能行！”

> 峡中丈夫绝轻死，少在公门多在水。富豪有钱驾大舸，贫穷取给行艓子。小儿学问止论语，大儿结束随商旅。欹帆侧柁入波涛，撇漩捎濆无险阻。朝发白帝暮江陵，顷来目击信有征。瞿塘漫天虎须怒，归州长年行最能。此乡之人气量窄，误竞南风疏北客。若道土无英俊才，何得山有屈原宅。

宋王象之在《舆地纪胜》对归州的风俗形式的描述中写道：“湖楚之北，郡十有二，归之地最为硗瘠；荆楚之风，夷夏相半；踏啼之歌，拔河之戏；郡少农桑，农不如工，工不如商。”上述内容最早见于袁崧《宜都山水记》，后来盛弘之又引入《荆州记》。如果将此风俗形式视为楚国发轫时的遗存，则可看到楚国先民已掌握了峡江航运的独家本领。秭归最大制约因素是土地硗瘠，发展农业的条件极为严峻，如按普遍种植业发展模式来发展，楚国的率先崛起，便不可能。因此不少学者便将楚国肇始之地的丹阳移往丹淅（今丹江水库淹没的山间盆地）、宜城和当阳草埠湖等地，试图避开传统的丹阳秭归说，无非是在鄂西山地东部山麓地带，找一个水土条件优越的地方，作为楚国崛起的肇源之地罢了。结果是将秭归的“最能行”技术，缺少农桑形成的农不如工、工不如商的经济体制，以及服务于最能行的踏蹄之歌，即今峡江号子，拔河之戏的独有地方文艺，这是产生骚体诗词的最好土壤；还有记载于《荆州记》、《后汉书》中的“秭归县室多幽闭，其女尽织布”，其产品称为女布，这是畅销于长江中、上游地区工艺产品。这些具有楚国自己特色的东西，移到任何其他地方，都不可能。

秭归如此之多的独特性，为什么楚国在崛起之后的都城丹阳，又必须迁徙？这是为什么？其原因如下：首先地处峡江的秭归，只有通过峡江，西出四川盆地，东去两湖盆地，只有一线联系，往北和往南异常艰难，哪怕一步也难于逾越，地处闭塞之中，没有自己所需的广阔市场，生活成本高昂，进一步发展的条件不具备；第二秭归的人口容纳量十分有限，由于消费市场狭小，既不是峡江航运的起点，也不是终点，只有过路的驿站，不外徙便不能发展；第三对外领土扩张受到限制，强大的诸侯国固然难以进入侵略，但自己要参与区域分工合作，也无可能，加上楚的先祖被杀，后代被赶到华夏的边缘荒外，何时能扬眉吐气，这种氛围也是浓厚的。因此李吉甫在《元和郡县图志》中写道："丹阳城，在（秭归）县东七里，楚之旧都也，周武王（公元前 11 世纪）封熊绎于荆丹阳之地，即此也；夔子城，在县东二十里。昔周武王封楚熊绎，初都丹阳，即此；后移枝江，亦曰丹阳，又移都郢。"

从秭归丹阳迁都离开三峡，首先是迁往何方？楚国以驾驭三峡航运商贸起家，这一特色不能丢，也就是说必须是沿江，沿江有西上四川盆地和东下两湖平原两个方向，三峡的起点奉节县白帝城，这是楚人熟知的地方，然而白帝城与秭归相比，优越性不明显，闭塞的弊端没有任何减小，且与中原周王朝距离更远，联系更不方便，因此入峡的白帝城不是迁移的首选，这种设想遭到淘汰。出峡上升为首选方向，出峡后的地方很多，在今宜都市的枝城镇选为第一个落脚点，但这里只是一个过渡地，也以丹阳相称。但枝城在当时并不是理想的地方。楚文王（前 689—前 677 年在位）迁都于郢，即今荆州市楚纪南城遗址，鲁哀公六年（前 488 年）楚昭王说："江汉沮漳，楚之望也。"（见《左传》），为什么说四河为楚之望？第一，因为楚国之民靠"最能行"的独有本领，对峡江航运和商贸的垄断传统，可以继续保存；第二，楚国少农桑，农不如工，工不如商，缺陷得到弥补，原有优势又得到保持；第三，郢都江陵，西通巫巴，东有云梦之饶，北据汉沔，利尽南海，东连吴会，不仅真正开辟了广阔的经济天下，而且还是最重要的用武之地。楚国从一个巫巴蛮荒之蕞尔小国，迁郢之后真是“天高任鸟飞，海阔凭鱼跃”，不仅周围的诸侯小国尽收入自己的版图，而且问鼎中原，成为春秋五霸与战国七雄之一。

都城定郢之后，楚国实现了超常规的发展，迅速崛起于南方，到熊渠时，也即周夷王时（约前 828 年），甚得江汉间民和，兴兵伐庸、杨粤，至于鄂。《史记·楚世家》写道：“熊渠曰：‘我蛮夷也，不与中国之号谥’。乃立其长子康为句亶王，中子红为鄂王，少子执疵为越章王，皆在江上楚蛮之地。”此前楚国的周封爵位为子爵，居五等爵位中的第四等，当熊渠征战杨粤至于鄂时，擅自封其三个儿子为王，与周王朝的王位相同，他自己便是管王之王，凌驾于周王之上，这在周王朝三百余年历史上，是从来未有的犯上作乱之举，这是为什么？何以藐视周王朝尊严到如此程度？尽管到周厉王时，他因担心周王朝的讨伐，自己又去掉了三个儿子的王位之爵，但不久，武王三十五年（前 706 年）通过伐随，胁迫随侯承认其自立为王，使其地位高于所有诸侯，与周王朝的王位相等。楚国由无名小卒，一下子成为傲视群雄的强大楚国，这是为什么？为什么至于鄂以后，楚国敢于自封和自立为王？

“至于鄂”，首先是鄂在何地？今武汉市江南四区和鄂州市，当时统称为鄂，至于鄂的得名源于鄂渚，而鄂渚历史上有两种解释。一说鄂渚指鄂南长江以南的湖群，江北的湖群被称为云梦泽，顾野王（隋代）在《舆地志》中认为“云梦之南是为鄂渚”。另一说是“在（今武昌）黄鹄矶以上三百步”，大约与后来的鹦鹉洲相当，屈原（约前340—约前278）的“乘鄂渚而返顾兮”指此。设定鄂指今武汉，第一，武汉是长江中上游向心状水系的聚合中心，吸引的流域范围达168万平方千米，占流域总面积180万平方千米的93.3%；第二，长江干支流大多皆可通航，形成庞大的水运体系，是全国水陆交通体系最主要的组成部分；第三，鄂渚已形成“浮于江、沱、潜、汉，逾于洛，达于南河”，通达九州的大港口，实际上可以形成经济天下、货通夷夏的商都，超越周王朝只是时间问题，用不着周王朝的颁赐与施舍。

从秭归丹阳、江陵郢都到鄂王之封，楚国的发展是通过垄断峡江航运，到垄断长江流域航运，发展工商非农经济。“最能行”的特有技术本领和农不如工、工不如商的经济体制，踏蹄之歌和拔河之戏的社会文化生活，并且将此扩大到江、汉、沮、漳的区域，最后到通过江、沱、潜、汉，建立辐射九州，开拓不分夷夏的以商立国，还有什么不会超越的富强与繁荣。自封为王和自立为王，说明楚国在自强、自富基础上的自信，这是最值得继承的历史文化遗产，也是楚史之魂。

二、夏口之战

汉末建安十三年（208年）十二月，曹操、刘备和孙权三大集团发生了一次大战，应称之夏口之战。陈寿（233—297）在《三国志·武帝纪》中写道："秋七月，公南征刘表。八月，表卒，其子琮代，屯襄阳，刘备屯樊。九月，公到新野，琮遂降，备走夏口。十二月，……公自江陵征备，至巴丘，……公至赤壁，与备战，不利。于是大疫，吏士多死者，乃引军还。"这是见之《曹操传》有关赤壁之战的全部记载。"备走夏口。"曹操征备的目的地是夏口。《三国志·先主传》载："（刘备当阳败后）先主斜趋汉津（今沙洋），适与羽船会，得济沔，遇表长子江夏太守琦众万余人，与俱到夏口。……权遣周瑜、程普等水军数万，与先主并力，与曹公战于赤壁，大破之，焚其舟船。"这是《刘备传》中有关赤壁之战的记录，刘备在夏口，这是曹操征讨的目标。

曹操南征的目的是消灭割据势力的刘表，七月出军，八月表死，九月琮降，应该是兵不血刃的胜利，目的达到，应该可以得胜还朝。但刘备不降，且正在向江陵进发，而江陵是刘表经营荆州的战略后方和物资储备的中心，刘备本已深受荆州士民的爱戴，如得此重地，振臂一呼，荆州为刘备所有，可以一日易帜，南征胜利便化灰烬，所以阻止刘备占领江陵，当是重中之重。《先主传》写道："曹公以江陵有军实，恐先主据之，乃释辎重，轻军到襄阳。闻先主已过，曹公将精骑五千急追之，一日一夜行三百余里，及于当阳之长坂。先主弃妻子，与诸葛亮、张飞、赵云等数十骑走，曹公大获其人众辎重。”总算如愿以偿。但刘备到了夏口，夏口已和柴桑（今江西省九江市）的孙权相当靠近，一旦刘、孙联合，曹操统一全国的目标便很难实现。

《三国志·武帝纪》写道：“公进军江陵，下令荆州吏民，与之更始。乃论荆州服从之功，侯者十五人，以刘表大将文聘为江夏太守，使统本兵，引用荆州名士韩嵩、邓义等。”这里江夏为郡名，包括今武汉市、孝感市南部、咸宁市北部、黄冈市西部，郡治原在云梦，文聘迁治于西陵，即今新洲区驻地；东部以巴河为界，与东吴控制的柴桑（今九江）郡为邻，当时孙权便在柴桑，即今江西九江。刘琦是接替黄祖为江夏郡太守，当时与刘备俱在夏口，即今武汉市。文聘本是刘表大将，随刘琮降曹后，马上得到曹操重用。《三国志·魏书·文聘传》写道：“授聘兵，使与曹纯追讨刘备于长坂。太祖先定荆州，江夏与吴接，民心不安，乃以聘为江夏太守，使典北兵，委以边事，赐爵关内侯。”随刘琮降曹后，文聘先参加追讨刘备的当阳战役，取得了对刘备的完全胜利；接着又委以江夏太守，割断刘备与孙权的联系，完成对二刘夏口的压迫之势，是夏口之战曹军的主将。陈寿评价文聘写道：“聘在江夏数十年，有威恩，名震敌国，贼不敢侵。”

时下对赤壁之战的研究和文艺作品，既不按《三国志》，也不按《三国演义》，以赤壁之战代替夏口之战，一场关系天下三分的战争，似乎完全是一场偶然交遇的碰撞。其实夏口据当时大文学家蔡邕（132—192）在《汉津赋》中所写，已是“（夏口）南援三州，北集京都，上控陇坂，下接江湖，导财运货，懋（贸）迁有无”的大港口、大商都，在整个荆州范围内，具有举足轻重的政治、军事、经济、文化地位，刘备、刘琦皆逃跑至此，曹操的攻击目标锁定在此。《三国志·吴书·周瑜传》在向孙权汇报完战争形势分析和计划时说：“将军擒操，宜在今日。瑜请得精兵三万人，进驻夏口，保为将军破之。”又写道：“时刘备为曹公所破，欲引南渡江，与鲁肃遇于当阳，遂共图计，因进驻夏口，遣诸葛亮诣权。权遂遣瑜及程普等与备并力逆曹公，遇于赤壁。时曹公军众已有疾病，初一交战，公军败退，引次江北。瑜等在南岸。”周瑜等率吴军由柴桑（今九江）出发，在到夏口（今武汉市）途中，与曹操水军在赤壁江中相遇，由于曹军官兵已有疾病，故初一交战，便败下阵来，当时江北已是文聘任太守的江夏郡范围，已有陆兵接应，周瑜也不敢贸然跟踪追击。

夏口之战如何打？关键人物是黄盖。《周瑜传》写道：“瑜部将黄盖曰：‘今寇众我寡，难与持久。然观操军船舰首尾相接，可烧而走也。’乃取蒙冲斗舰数十艘，实以薪草，膏油灌其中，裹以帷幕，上建牙旗，先书报曹公，欺以欲降。又预备走舸，各系大船后，因引次俱前。曹公军吏皆延颈观望，指言盖降。盖放诸船，同时发火。时风盛猛，悉延烧岸上营落。顷之，烟炎张天，人马烧溺死者甚众，军遂败退，还保南郡。曹公留曹仁等守江陵，径自北归。”这一段，从献计到整个过程，是夏口之战最详细、最精确的记载。虽然黄盖的这个盖世功劳没有出现在《吴书·黄盖传》中，那里只写道：“建安中，随周瑜拒曹公于赤壁，建策火攻，语在瑜传。”而是出现在《周瑜传》中，显见黄盖献计，周瑜接受，并一同实施，终致胜利。应该说夏口之战的真正英雄是黄盖！而黄盖又与夏口有不解之缘，因夏口最主要的军港兼商港便以他的姓氏命名。郦道元（465或472—527）在《水经注·江水注》中写道：“江之右岸，有船官浦，历黄鹄矶西而南矣。直鹦鹉洲之下尾，江水溠曰状浦，是曰黄军浦，昔吴将黄盖军师所屯，故浦得其名，亦商舟之所会矣。”大约相当于今天武昌大成路至阅马场南，直至起义门西，并与晒湖、南湖相连的很大地区。夏口商船密集，并与停泊岸边密集的店铺商市紧密相聚，常发生火灾。一场毁灭性的火灾，常导致整个夏口港市的毁灭。而这些火灾留给黄盖很深刻的印象。黄盖是水战中火战的设计者和实施者，与夏口的地域环境是密不可分的。

罗贯中的《赤壁之战》，将功劳归于诸葛亮，包括“舌战群儒”、“草船借箭”和“借东风”等，实际上诸葛亮只取得了外交的成功，即使孙权由袖手旁观的观望者，变成夏口之战的参与者。陈寿在《三国志·蜀书·诸葛亮传》中，只记载了诸葛亮觐见孙权的谈话，答应了亮的请求，写道：“权大悦，即遣周瑜、程普、鲁肃等水军三万，随亮诣先主，并力拒曹公。曹公败于赤壁，引军归邺。”这与《吴书·周瑜传》中对黄盖的描写，可以认为差有千里。

发生在建安十三年（208 年）十二月的这次战争，包括曹操、刘备、孙权，以及周瑜、黄盖，这些战争的决策者、参与者，无一例外的皆以夏口作为大战的目的地，因此称之夏口之战，才是反映历史的真实。赤壁只是战役所在地，如辽沈、平津、淮海三大决战，绝不能称之锦州、新保安、宿州之战。夏口之战后，曹操一统天下的美梦破灭；孙权独霸东南，称雄吴越；刘备以荆、益为范围，成为与曹、孙并列的蜀汉王朝；一次战争奠定三国这一历史时期，突显了夏口极端重要的军事战略地位。

第三章　三足鼎立傲天下的商都武汉

第一节　南市崛起　黄鹤武昌

一、吴国夏口

三国时期，对于吴国来说，夏口是个很重要的地方。因为初平二年（191 年）孙坚征荆州刘表，与刘表将黄祖战于襄、樊，单马追击黄祖于岘山。为埋伏于此地的黄祖士兵射杀，死时孙坚年仅 37 岁，孙坚长子孙策只 16 岁，次子孙权更只 9 岁。后来刘表又任命黄祖任江夏郡太守，专门对付吴国孙策、孙权对荆州的攻战，及对父仇的征讨。荆州当然也是孙氏兄弟统一江东六郡后，进行领土扩张的最好对象，形成以长江为天堑的江南半壁江山，造就诸侯割据最有利的宏图大业。整个三国时期，曹魏集团企图统一全国，但始终未能跨越长江一步；孙吴集团虽然在淮河、汉江沿线征略，但始终未能跨越淮、汉，进入中原半步。

东汉建安四年（199 年），孙策在征讨黄祖途中，顺便取得了对刘勋和黄祖授军的征伐胜利，攻占皖城（今安徽省安庆市西），将刘勋挟持袁术的百工、部曲及刘勋的家人三万余口，俘获兵士二千余人和船只千余艘，据为己有。挟其余威，进军沙羡，征讨黄祖。此沙羡县应即却月城。郦道元在《水经注》中写道："山左即沔水口矣。沔左有却月城，然亦曰偃月垒，戴临军筑，故曲陵县也，后乃沙羡县治也。"《吴录·（孙）策表》："臣讨黄祖，以十二月八日到祖所屯沙羡县，刘表遣将助祖，并来趣臣。臣以十一日平旦部所领……周瑜……吕范……程普……孙权……韩当……黄盖等同时俱进。身跨马栎陈，手击急鼓，以齐战势。吏士奋激，踊跃百倍，心精意果，各竞用命。越渡重堑，迅疾若飞。火放上风，兵激烟下，弓弩并发，流矢雨集，日加辰时，祖乃溃烂。锋刃所截，猋火所焚，前无生寇，惟祖迸走。获其妻息男女七人，斩虎、韩晞已下二万余级，其赴水溺者一万余口，船六千余艘，财物山积。……"《吴录》的上述记载，一者，说明却月城的规模和繁华程度，仅死亡的敌军便达三万余人，以1∶5的比例计算，却月城的人口大约20万，在当时应是很大的城市了；二者，军事用的船舰达六千余艘，以1∶3比例计算，港口可泊船2.4万艘，在当时应是一个巨型的港口了；三者，财物山积，沙羡县城应是非常繁华富有的城市了；四者，沙羡县所驻屯的却月城，军事上使用的是火焚战术，化成一片灰烬；五者，建安十三年（208年）夏口之战的主要参加者，如孙权、周瑜、程普、黄盖、韩当等，都曾经历过沙羡火战的考验，为后来在赤壁进行火战积累了经验。

建安五年（200 年）孙策死后，孙权继其兄之位，建安八年（203 年）、十二年（207 年）、十三年（208 年）三次西征黄祖，先后破其水军，虏其人民而还，最后一次据陈寿的《三国志·吴书·吴主传》：“十三年（208 年）春，权复征黄祖，祖先遣舟兵拒军，都尉吕蒙破其前锋，而凌统、董袭等尽锐攻之，遂屠其城。祖挺身亡走，骑士冯则追枭其首，虏其男女数万口。”文献记载武汉最早城市聚落却月城，在四次征黄祖的战争中，先焚后屠中消失，荡然无存。夏口之战，刘备、刘琦进驻的夏口，已经没有城市可以依托，而是一座纯粹的商贸市场和港口城市，以致蔡邕在《汉津赋》中写道：“南援三州，北集京都，上控陇坂，下接江湖，导财运货，懋（贸）迁有无。”甚至不确指地名。赤壁战后，吴国军事统帅部驻在陆口，孙权数度进驻陆口，指挥吴、蜀战争；吴国军事统帅如鲁肃、吕蒙、陆逊、吕岱、陆凯、潘璋等先后驻屯陆口；黄初二年（221 年），权自公安都鄂，改名武昌，以武昌、下雉、寻阳、阳新、柴桑、沙羡六县为武昌郡，其原因皆因为武汉并无城池所致。顾祖禹在《读史方舆纪要》中写道：“若夫用武昌者，则莫备于江东，孙氏都武昌，非不知其危险瘠埆，仅恃一水之隔，以江夏迫临江汉，形势险露，特设重镇，以为外拒，而武昌退处于后，可从容而图应援耳，名为都武昌，实以保江夏也，未有江夏破而武昌可无事者。”

黄武二年（223 年）正月，“是月，城江夏山”。黄龙二年（230 年），夏五月，城沙羡。《三国志·吴书·吴主传》说："（建安）二十五年（220 年）春正月，曹公死，太子丕代为丞相魏王，改年为延康。……冬，魏嗣主称尊号，改元为黄初（220—226）。二年（221 年）四月，刘备称帝于蜀。权自公安都鄂，改名武昌。"孙权于黄龙元年（229 年）在武昌即皇帝位。可见孙权即帝位前六年，在武汉市武昌江夏山，也称黄鹄山，俗称蛇山上建城；称帝后一年，又在武汉市汉阳大别山，又称鲁山，俗称龟山上建沙羡县城，因由鲁肃镇守，又名鲁山城。孙权在从公安迁都鄂县的第三年，建蛇山夏口城；称帝后一年建鲁山沙羡城。之所以如此，是因为当时曹操任命的江夏郡太守文聘，三迁郡治，建安十三年（208 年）由云梦县江夏城迁治于西陵城，即今武汉市新洲区驻地邾城镇；赤壁之战后又迁治于石阳，即今武汉市黄陂区横店镇，《三国志·吴书·吴主传》说："黄武五年（226 年）秋七月，权闻魏文帝崩，征江夏，围石阳，不克而还。"《魏书·文聘传》说："又攻（关）羽辎重于汉津，烧其船于荆城……与夏侯尚围江陵，使聘别屯沔口，止石梵，自当一队，御贼有功，迁后将军，封新野侯。"可以认为，文聘虎视眈眈于夏口，随时可以威胁武昌（今鄂州）的安全。孙权于黄初二年（221 年）自公安迁都于鄂，改名武昌；于黄龙元年（229 年）在武昌登基做了吴国皇帝，当年即迁都建业，也是迫于形势。

有一则故事，反映三国时武汉的繁华。《吴书·陆逊传》："嘉禾五年（236 年），权北征，使（陆）逊与诸葛瑾攻襄阳……军到白围，托言住猎，潜遣将军周峻、张梁等击江夏新市、安陆、石阳，石阳市盛，峻等奄至，人皆捐物入城，城门噎不得关，敌人自砍杀己民，然后得阖。斩首获生，凡千余人。"石阳即今黄陂横店，只是文聘守江夏郡的治所，尚如此繁华，沔口、夏口则更是可想而知。另一则故事，则说明夏口的重要性，据《江表传》说："初权在武昌，欲还都建业，而虑水道溯流二千里，一旦有警，不相赴及，以此怀疑。及至夏口，于坞中大会百官议之，诏曰：'诸将吏勿拘位任，其有计者，为国言之'。诸将或陈宜立栅夏口，或言宜重设铁锁者，权皆以为非计。时（张）梁为小将，未有知者，乃越席而进曰：'臣闻香饵引泉鱼，重币购勇士，今宜明树尝罚之信，遣将入沔，与敌争利，形势既成，彼不敢干也。使武昌有精兵万人，付智略者任将，常使严整。一旦有警，应声相赴。作甘水城，轻舰数千，诸所宜用，皆使备具。如此开门延敌，敌自不来矣。'权以梁计为最得，即超增梁位。后稍以功进至沔中督。"

孙权于黄初二年（221 年）八月，城武昌，至黄龙元年（229 年）在武昌即吴国皇帝位。用了九年时间，建设了初都武昌。但在建都之初，便"下令诸将曰：'夫存不忘亡，安必虑危，古之善教。昔隽不疑汉之名臣，于安平之世而刀剑不离于身，盖君子之于武备，不可以已。况今处身疆畔，豺狼交接，而可轻忽、不思变难哉？顷闻诸将出入，各尚谦约，不从人兵，甚非备虑爱身之谓，夫保己遗名，以安君亲，孰与危辱？宜深警戒，务崇其大，副孤意焉’”。尽管如此，刚即位便迁都，直接原因便是安全没有保障。

孙权经营长江，一是利用长江天堑，主张划江而治，虽然也在中游与曹魏争夺汉水流域，但未曾越过汉水；在下游也争夺淮河流域，也未曾逾越淮河；中、下游交接处，甚至以长江与曹魏分界；二是重点经营江南的荆吴和沿海，包括台湾和辽东半岛，水军和水运是其优势；三是港市的建立和发展，其时迁都，历史上曾有人认为建业是刘备的建议，因为可以减少与刘备争夺荆州的矛盾和压力。但据《献帝春秋》的记载：“刘备至京，谓孙权曰：‘吴去此数百里，即有警急，赴救为难，将军无意屯京乎？’权曰：‘秣陵有小江百余里，可以安大船，吾方理水军，当移据之。’备曰：‘芜湖近濡须，亦佳也。’权曰：‘吾欲图徐州，宜近下也。’”引文中的京，亦称京口，即今江苏省镇江市；吴即苏州，今为苏州市；濡须即今裕溪河，在今安徽省芜湖市长江对岸，是巢湖入注长江的水道。孙权建都于建业，是他自己的主意，着眼于水军基地的建设。夏口也有小江，即巡司河，汛期水路可通鄂州的樊口，与建业条件相当，只因对岸一直为曹魏江夏郡治所在，故不能定都于此。

孙权吴国将其重心放在中游的荆州，是早已确定的目标。《江表传》说，曹操早在取得官渡之战胜利后，就下命令要孙权送子为人质，周瑜认为不能送，周瑜说："昔楚国初封于荆山之侧，不满百里之地，继嗣贤能，广土开境，立基于郢，遂据荆扬，至于南海，传业延祚，九百余年。今将军承父兄余资，兼六郡之众，兵精粮多，将士用命，铸山为铜，煮海为盐，境内富饶，人不思乱，汎舟举帆，朝发夕到，士风劲勇，所向无敌，有何逼迫，而欲送质?"鲁肃也说："夫荆楚与国邻接，水流顺北，外带汉江，内阻山陵，有金城之固，沃野万里，士民殷富，若据而有之，此帝王之资也。"顾祖禹（1631—1692）在《读史方舆纪要》中写道："……何言乎重在武昌也，夫武昌者，东南得之而存，失之而亡者也。汉置江夏郡，刘表镇荆州，以江汉之冲，恐为吴人侵轶，于是增兵置戍，使黄祖守之，孙策破黄祖于沙羡而霸基始立；孙权知东南形胜必在上流也，于是城夏口、都武昌……继孙氏而起者，大都不能改孙氏之辙矣，故重在武昌也。"

总之，三国时期，尽管夏口的战略地位、经济社会发展都已突显出来，但由于地形条件，尤其是地势低洼的限制，建城条件特别不好，已有的却月城，又在战争中被彻底摧毁，故刘备当阳败后，"先主斜趋汉津（今荆门市沙洋镇），适与羽船会，得济沔，遇表长子江夏太守琦众万余人，与俱到夏口"。但夏口已无城池可依，故《江表传》："备从鲁肃计，进住鄂县之樊口。"黄初二年（221 年），“权自公安都鄂，改名武昌”，均因夏口无城，以致备用鄂县，使鄂县成了吴都，使陆口成了统帅部的驻地。尽管孙权在蛇山和龟山各筑了一座吴城，但武汉仍然是一个市大城小的地方。六朝时期，在今武汉市域里先后筑了一系列的城镇，大多数很小，聊胜于无，直到唐代牛僧孺建起了夏口唐城，才算结束了无城或城市很小的历史！

二、商贸黄鹤楼

鄂渚、夏口作为长江流域最大港口和商贸都会，历史十分悠久，可以认为它是长江文明的集中体现。但如此博大的文明，却没有留下灿烂的文物作为印记，又是不争的事实。今天武汉最大的自然特征，是地势极为低下。历史上十年一遇、近代五年一遇的水灾，是荡灭武汉历史文物存在的最大祸害。

民国十年（1921 年）张仲炘总纂的《湖北通志·古迹志》载：黄鹤楼自“明嘉靖末毁，隆庆五年（1571 年）都御史刘悫重建；万历二十五年（1597 年）丁酉一日，无故自火，延烧万家；又为流贼张献忠所毁。今楼乃故楚敕书楼移建也。清顺治十三年（1656 年），御史上官铉重建。康熙三年（1664 年）毁；总督张长庚重建。二十年（1681 年）雷震，总督喻成龙，巡抚刘殿衡修；乾隆四十四年（1779 年）御书‘江汉仙踪’题额，咸丰六年（1856 年）毁于兵；总督官文重建，同治七年（1868 年）总督李翰章成之；光绪十年（1884 年）八月灾”。在这 313 年共发生六次火毁、一次雷震、六次重建。黄鹤楼因建在黄鹤矶上，从未受过水灾的毁灭，但因是木质结构，烟火之灾无法避免。夏口南市虽然说法很多，有的甚至说它最盛时，有“几十万户”，超过百万人的规模，但今天却没有任何古代建筑可寻，祸首便是水火两灾。

从武汉三镇来说，水火两灾最为严重的是汉口，笔者曾在《武汉市历史地理的初步研究》一文中，专门谈及汉口四官殿，认为道家敬奉天、地、水三官，汉口独增火官，成为独有的特殊性。事实上四官殿的地名至今保留，然而庙宇建筑也早已荡然无存，也是毁于火灾，并不因为增加了火官的敬奉而幸免。汉口最早兴建的近代建筑，是位于汉口中山大道的水塔。水塔是局部自来水制水、输水的贮水装置，但汉口水塔还有火灾的报警功能。民国十六年（1927 年）白眉初在《中华民国省区全志·湖北省志》中写道：“（水塔）第七层设有警钟，附列火警章程，其报告信号，日间则挂红旗，夜间则扬红电灯。”水塔因是钢筋水泥结构，又贮有水，建起至今有 150 年历史，还遗存至今。比起蛇、龟二山历史上屡屡建起的许多宏伟壮丽建筑保存的时间难有百年相比，是难得的幸运了。

黄鹤楼是武汉的历史名片，现在蛇山鼓楼洞之后的黄鹤楼，乃 1981—1985 年间所建，迄今约二十年历史，远非历史建筑。李吉甫（758—814）在《元和郡县图志》中写道："（鄂州）州城本夏口城，吴黄武二年（223年），城江夏以安屯戍地也。城西临大江，西南角因矶为楼，名黄鹤楼。"黄鹤楼历史溯源，认为这是其始，不过，因今武汉地当江汉交汇，早在《尚书·禹贡》便用了相当大的笔墨写及此种地理形势，《禹贡》一般认为是禹治水的规划构想，而禹是公元前21世纪华夏部落的首领，距今有4100年左右的历史，离夏口建城和黄鹤建楼有2300年之久；楚熊渠于公元前828年封中子熊红为鄂王，至黄武二年建楼也有千年之久。历代学者认为黄鹤楼建楼历史是个未解开的谜，所以赋予了许多神话传说。唐代诗人崔颢（？—754）在《黄鹤楼》诗中开首便写道："昔人已乘黄鹤去，此地空余黄鹤楼。黄鹤一去不复返，白云千载空悠悠。"这实际上便说了黄鹤楼的历史扑朔迷离，谁也搞不清楚，夏口的黄鹤山、黄鹤矶是自然形成的，是造物者的杰作，既然这个自然形成的仙鸟已经被人骑走了，而且一走不返，只剩下白云千年所营造的空泛环境还在，昔日繁荣兴旺，车水马龙、勃勃生机已然难觅踪迹。"晴川历历汉阳树，芳草萋萋鹦鹉洲。日暮乡关何处是，烟波江上使人愁。"已经日薄西山，黑夜马上来临了，连寻觅一个进食歇夜的地方也找不到，只有暮雾迷濛的大江，陪伴着你，怎不使你格外的忧愁。

有人拿诗仙李白来打戏，因为李白把《黄鹤楼送孟浩然之广陵》一诗写得出神入化。广陵即今江苏扬州，隋代运河修通后，扬州是长江和运河交汇处，航运发达，商贸繁荣，是当时大唐帝国又一商都，两个商都之间的交通十分繁忙，一派繁荣景象，完全没有崔颢诗中的悲观情调，李白写道："故人西辞黄鹤楼，烟花三月下扬州。孤帆远影碧空尽，唯见长江天际流。"他又在《与史郎中钦听黄鹤楼上吹笛》中，更加乐观："一为迁国去长沙，西望长安不见家。黄鹤楼中吹玉笛，江城五月落梅花。"从崔颢诗中，看到此时黄鹤楼已被毁，仅留遗址，李白却说"黄鹤楼中吹玉笛"，明明不符合事实，是故打戏的李白诗写道："一拳捶碎黄鹤楼，一脚踢翻鹦鹉洲。眼前有景道不得，崔颢题诗在上头。"李白在今武汉地区居住了很久，写的诗词很多，而崔颢估计可能是一个匆匆过客。李白在诗坛上的地位无比崇高，尤其是唐诗中，堪称首席，然而在唐宋有关今武汉的诗词中，崔颢的诗自古至今皆列于首位，并且崔颢诗中第二联不对，不合格律，尽管如此，并不妨碍这首诗的首席地位。并且还有人以李白名义杜撰了一首《醉后答丁十八以诗讥余捶碎黄鹤楼》："黄鹤高楼已捶碎，黄鹤仙人无所依。黄鹤上天诉玉帝，却放黄鹤江南归。神明太守再雕饰，新图粉壁还芳菲。一州笑我为狂客，少年往往来相讥。君平帘下谁家子，云是辽东丁令威。作诗调我惊逸兴，白云绕笔窗前飞。待取明朝酒醒罢，与君烂漫寻君晖。"说这是李白醉后糊涂之作了。

黄鹤楼之所以为天下名楼，乃因夏口商贸港口繁荣所得。唐闫伯瑾的《黄鹤楼记》："观耸构巍峨，上倚河汉，下临江流，重檐翼舒，四达霞敞，坐窥井邑，俯拍云烟，乃荆吴形势之最也。"黄鹤楼为夏口的名片，是因它最好地彰显了江汉之会的繁荣壮观。清毕沅（1730—1797）任湖广总督，由汪中代笔所写的《黄鹤楼铭·序》中写道："江出峡东至于巴丘，沅湘二水入焉；又东至于夏口，汉水入焉；于是西自岷山，西南自牂牁，南自桂岭，西北自嶓冢，五水所经半天下，皆汇于是，以注于海。而江夏黄鹄山当其冲，江环其三面，再折而后东，故地形称险焉。县因山为城，山之西有矶，起于江中，石立如植，激水逆行恒数里，于形尤险，其上为楼，咸取于山以为名。"黄鹤楼及其所在的夏口城，地理位置、自然特点，可以一览无余，以至历为重镇名楼。"其下则水师蒙冲在焉，岁以十月都试，吴戈犀甲蔽川耀日"，这是军事功能，独领风骚。最为主要的功能是："江以西商旅百货之所凑，路道昼夜行不休，著籍户八百万，公私舟楫列樯成林。南北二郊原湿沃衍，禾黍弥望，无高山深林之蔽，桴鼓一鸣，上下百里若示诸掌，奸宄无所匿其迹。"港口商业安全，难以比拟。加上管理上等级高，功绩显著，不下于都城；"江夏自（南北朝之）宋立郢州以来，代为重镇，国家疆理天下，慎固封守，常以尚书侍郎镇抚其地，及司道之所治，百城冠盖，四至趋风，驿路剧骖；輶轩之使，不日则月。西南际海属国以百数，终王受吏，累驿来庭，往返上都，皆道于此，守土之吏率会于兹楼，以饮食之礼，亲其僚友不降阶序，而民风穑事胥可知也。”从刘宋在此设立郢州以来，一直是国家重镇，并以宰相一级高官大吏官员在此镇守，国内来此参观学习的官员几乎日日有，月不断；西南际海属国数以百计的使节，到都城朝觐的皆取道于此，黄鹤楼便是招待内客外宾的宴会之所。说夏口为国家商都，难道还有问题吗？

黄鹤楼一名来源有两说，一说为民间传说，《报恩禄》说辛氏在黄鹤矶开店卖酒，有道士经常来此饮酒，享受随叫随应的服务，从不付费，店主也从不索要，大约十年之久，道士临别取橘皮在墙上画一一只仙鹤，告诉店主客人来了，只要一拍手，仙鹤便下来舞蹈，给客佐酒。辛氏用此招徕顾客，生意十分火爆，赚得很多钱，重建了一栋富丽堂皇的新酒楼，取名为黄鹤楼。后来道士重来驾鹤飞走。崔颢《黄鹤楼》头四句：“昔人已乘黄鹤去，此地空余黄鹤楼。黄鹤一去不复返，白云千载空悠悠。”便很好地概括了这一美好传说。二是神仙说，大多是说这个道士是何路神仙，《南齐书》说是仙人王子安曾乘鹤过此；《太平寰宇记》及《图经》皆谓费文伟登仙驾鹤憩此故名；加上唐闫伯瑾在《黄鹤楼记》中以此说为信，成了主流说法。梁任昉在《述异记》中认为荀瓌，字叔伟，潜栖却粒，尝游憩江夏黄鹤楼上，西望有物从天而降，乃驾鹤迎接，羽衣虹裳，宾主两欢，一道辞去，跨鹤腾空，寂然而灭。另一说是宋陆游在《入蜀记》认为是江夏李邕在《岳麓碑》的题额“江夏黄鹤楼”，故名。

张之洞在黄鹤楼墟基旁改建警钟楼，前楼额题为奥略楼，两侧对联为：“昔贤整顿乾坤，缔造都从江汉起。今日交通文轨，登临不觉亚欧通。”辛亥革命时，毁于战火，后又重建，为啜茗游览之所。新中国成立后因建武汉长江大桥拆毁，1981—1985 年重建览胜亭，即今日黄鹤楼。

黎少岑在《武汉今昔谈》中认为，白居易（771—846）的代表作之一的《琵琶行》，可能来自李白（701—762）的《江夏行》：“谁知嫁商贾，令人都愁苦。自从为夫妇，何曾在乡土。去年下扬州，相送黄鹤楼。眼看帆去远，心逐江水流。只言期一载，谁谓历三秋……悔作商人妇，青春长别离。”《琵琶行》：“门前冷落车马稀，老大嫁作商人妇。商人重利轻别离，前月浮梁买茶去。去来江口守空船，绕舱明月江水寒。夜深忽梦少年事，梦啼妆泪红阑干。”两相比较，情景极为相似。其实白居易的《赴黄鹤楼卢侍御宴》一诗，很有代表性。他写道：“江边黄鹤古时楼，劳置华筵待我游。楚思淼茫云水冷，商声清脆管弦秋。白花浪溅头陀寺，红叶林笼鹦鹉洲。总是平生未行处，醉来堪赏醒堪愁。”

总之，有几千年繁华商都的夏口，没有留下光彩夺目的历史文物，这是因为水火两灾对其存在的威胁始终未能彻底解除。被誉古代夏口，今日武汉名片的黄鹤楼，也是屡毁屡建才能屹立于黄鹄（鹤）山上，新楼成古迹，不致史成空！黄鹤楼在历史上，解决了城小市大的尴尬，在楼上借风光美酒，招待内客外宾，办理政府衙门应办理的内部政务和外部交流，政府是服务于民的机构，将其置于服务市场之中，此一模式即使在今天，也是一种创新的思维。

三、夏口南市

武汉最早兴起的不是城镇，而是夏汭与鄂渚，两者均为自然地理实体。夏汭一词见于记载的是《左传·昭公四年（前 538 年）》：吴伐楚，“楚沈尹射奔命于夏汭”。历史上一直认为即今汉江入于长江处。由于汉江下游与夏水合流，故汉水亦名夏水，武汉古名夏口、江夏，均源自夏汭。《尚书·禹贡》写道：“荆及衡阳惟荆州；江汉朝宗于海；九江孔殷；沱、潜既道；云土梦作乂。”荆山和大别山脉以南是荆州，也即湖北除鄂西北汉江干流沿岸外和今湖南、江西、两广等地，这个荆州除两湖（洞庭湖、鄱阳湖）一平（江汉平原）为平原外，绝大部分地区是山地和丘陵地形，《禹贡》的作者认为荆州国土开发关键是江汉平原。主张长江和汉江各自单独入海，因为长江汉口站多年平均年径流量为 7392 亿立方米，其中上游来水占 61.3%，洞庭湖来水占 27.2%，汉江来水占 7.6%，其余 3.9%为省境干流区间来水。作者意图是汉江单独入海，不仅可以减少 7.6%的来水，还可通过“九江孔殷，沱、潜既道”来分流长江不能容纳的水量，也就是两条河道将 7392 亿立方米的径流量均分为 3696 亿立方米，则江汉平原便会没有水灾的威胁，而成为可资开发的好地方。

但客观上，汉江不与长江汇合是行不通的，桑欣的《水经》和郦道元的《水经注》，秉承《禹贡》，力主长江中游二江、下游三江说，成为自古至今的最大失误。汉江入江口有沌口、杨泗港、汉口、一元路口、谌家矶和滠口等一系列汇口，不仅如此，黄州和安庆也被认为是汉江的入江口。夏汭成为泛指汉阳、汉口的古代地名。由于江北汉江三角洲地势特别低洼，虽然也有一些孤立的小丘散布其间，成了人类最早的文化遗址，比如东西湖区的马投潭（距今 4500 年—4000 年）、钥匙墩（距今 4000 年—3500 年）、余家咀（距今 4000 年—3500 年）、圣家墩（距今 4000 年）等石器时代文化遗址；新洲区香炉山、黄陂区盘龙城、汉南区纱帽山等商周文化遗址，但江北的云梦泽地区，也即江汉平原，在垸田堤防未建前，十年九淹的条件，很难形成大的城市聚落，如盘龙城、却月城、马骑城甚至鲁山城、汉口城，后来都踪迹难寻。

鄂渚一名最早见于屈原（约前 340—约前 278）的《楚辞·九章·涉江》："乘鄂渚而返顾兮。"据《说文解字》对"渚"的诠释："水在常山中，丘逢山东入，从水者声。"从屈原的《楚辞》可以看出，镶嵌在山中的水体，可以航行船舶，这个水体应是湖泊。顾野王

(519—581) 在《舆地志》中写道："云梦之南是为鄂渚。"清末张之洞 (1837—1909) 在《樊口闸坝私议》中写道："按《水经注》'江水又东径邾县故城南，鄂县北，江水右得樊口，江津南入，历樊山上下三百里，通新兴，马头二治，'郦著义例，凡遇众水入江之处，必曰江水得某口某水注之，此不言湖注江，而言江入口者，明口内本无水源，因江入其中潴为巨浸，此古来山水自然之形势也，所以分杀江涨者也。《楚辞·涉江》'乘鄂渚而返顾兮'，据六朝以前言鄂渚皆指今武昌县(今鄂州市)，《韩诗内传》曰'水溢为渚'，然而《楚辞》所云鄂渚，即今樊口内之梁子湖无疑。"湖北省是著名的千湖之省，由两大湖群组成，其中长江以北为江汉湖群，古代称其为云梦泽；鄂东长江以南，沿江一带湖泊密集，被称为鄂（东）南湖群，古代统称为鄂渚。

战国时期，楚怀王六年（前 323 年）所制的"鄂君启节"铭文四件，1957 年出土于安徽寿县城东丘家花园。谭其骧的《鄂君启节铭文释地》（原载《中华文史论丛》第二辑，1962)、黄盛璋的《关于鄂君启节地理考证与交通路线的复原问题》（原载《中华文史论丛》第二辑，1962)，两文皆附了路线复原示意图（另附)，不约而同地将舟节和车节的出发点和枢纽，标在今天的鄂州市。从顾野王的"云梦之南是为鄂渚"；张之洞"然而《楚辞》所云鄂渚，即今樊口内之梁子湖无疑"；至于司马迁（约前 145 或前 135—?）在《史记·楚世家》中,“熊渠甚得江汉间民和，乃兴兵伐庸、杨粤，至于鄂。熊渠曰：‘我蛮夷也，不与中国之号谥，乃立长子康为句亶王，中子红为鄂王，少子执疵为越章王，皆在江上楚蛮之地’”。这是前828年以前的事情，鄂王红的封地很可能便是鄂东长江以南的鄂渚地区。而前323年的《鄂君启节》铭文中的首句“自鄂往，舟行凡四路”中的鄂，可以在鄂王封地中的任何港口，只要这一港口具备庞大船队碇泊和货物吞吐条件就行。从古代文献的记载看，当以夏口，即今的武汉市武昌，方才具备条件。东汉末年蔡邕（132—192）在《汉津赋》中写道：“（夏口）南援三州，北集东都，上控陇坂，导财运货，懋迁有无。”蔡邕是蔡文姬之父。楚怀王时的楚国主要疆域便是荆州、扬州和豫州，“南援三州”指此；“北集京都”指往北的舟路，由汉江—唐白河接伊水至洛阳，洛阳正是东汉京城；陇坂指陕西汉中和甘肃东南部，所以蔡邕笔下的夏口，正是《鄂君启节》铭中的“鄂”。陈寿（233—297）在《三国志·吴书·潘濬陆凯传》中写道：“又武昌土地，实危险而塉确，非王都安国养民之处，船舶则沉漂，陵居则峻危，且童谣言：‘宁饮建业水，不食武昌鱼；宁还建业死，不止武昌居’”。陈寿笔下的武昌，“船舶则沉漂”，连起码的港口条件也不具备，何谈航运经济中心？唐房玄龄（579—648）在《晋书·何尚之传》中写道：“夏口在荆江中心，正对沔口。通接雍梁，实为津要，由来旧镇根基不易。今分取江夏、武陵、天门、竟陵、随五郡为一州，镇在夏口，既有见城，浦大容舫。竟陵出道取荆州，与去江夏不异，诸郡至夏口，皆从流并为利便。湘州所领十一郡，其巴陵边带长江，去夏口密通。既分湘州，乃更成大，亦可割巴陵属新州，于事为允。上从其议。”

郦道元（466 或 472？—527）在《水经注》写道：“江之右岸，当鹦鹉洲南，有江水右迤，谓之驿渚。三月以末水，下通樊口水。”驿渚大约便是今天的青菱湖，东与黄家湖、汤逊湖通过马场咀河，与牛山湖相联系，牛山湖本是梁子湖西汊湖，由长港至樊口与长江相联系。其关键是汤逊湖与牛山湖间的马场咀河，只在长江汛期才能流通。因为包括今青菱湖、黄家湖和汤逊湖皆为长江的江湾，江水上涨，才形成对牛山湖的倒灌注入，形成水流和通行船只；后来青菱等三湖潴为湖泊，尽管还与江通，与梁子湖得樊口也与江通，形成等高的水位，马场咀河渐形淤浅，以致仅具溢流作用。所以《水经注》在“鄂县北，江水右得樊口。庾仲雍《江水记》云：谷里袁口，江津南入，历樊山上下三百里，通新兴、马头二治；樊口之北有湾，昔孙权装大船，名之曰长安，亦曰大舶，载坐直之士三千人，与群臣泛舟江津，属值风起，权欲西取芦州，谷利不从，乃拔刀急止，令取樊口薄舶船，至岸而败”。由此可知，夏口驿渚汇聚西北路、西南路和南路的商船，也即汉江航线、荆江（川江）航线和湘、资、沅、澧、油五水航线；而樊口过江，入北江东行航线；驿渚和樊口间的航线仅是西三航线与东线需互相交流的商品货物。也说明今鄂州包括樊口大湾不具备港口条件。

夏口除驿渚外，还有船官浦。《水经注》写道：“江之右岸，有船官浦，历黄鹄矶西而南矣。直鹦鹉洲之下尾，江水溠曰状浦，是曰黄军浦，昔吴将黄盖军师所屯，故浦得其名，亦商舟所会矣。船官浦东，即黄鹄山，林涧甚美，谯郡戴仲若野服居之，山下谓之黄鹄岸，岸下有湾，目之鹄湾。鹄山东北对夏口城，魏黄初二年（221 年），孙权所筑也。依山傍江，开势明远，凭墉藉阻，高观枕流，上则游因流川，下则激浪崎岖，实舟人之所艰也。对岸则入沔津，故城以夏口为名，亦沙羡县治也。”此段记载说明当时长江江湾濒临蛇山山麓，武昌城南城几乎占 60％的地域皆是江湾，并与城外的晒湖、南湖连成一体，外面又有鹦鹉洲的屏挡，形成风平浪静的港湾，吴国黄盖所率水军船舰和商舟都在此停泊；还由于湾内高地成岛状散布其间，成为船市为主的商贸市场，这就是著名的夏口南浦和南市。

夏口在古代无疑是长江干流沿岸最为优越的港口，事实上熊渠当周夷王时，“甚得江汉间民和”，能够代表江汉间的也就是今天的武汉市地域，尤其是江南的今武昌了；乃兴兵伐庸、杨粤，至于鄂。庸是今鄂西北地区，都城为今竹山县城；杨粤指长江以南的今鄂、湘、赣三省邻接地带；“至于鄂”，指鄂东长江以南的丘湖地区，也即鄂渚，看到长江、汉江航运的发达和市场的繁荣，熊渠于是不管周王朝是否加封楚国，将自己的三个儿子分别封为云梦泽地区的句亶王、鄂渚地区的鄂王、长江下游的越章王，但重点是鄂王，他死后未传位给长子熊康、三子熊执疵，而是传给次子熊挚红。熊挚红的鄂国都城，今武汉市武昌，有很好的港口条件，但却没有可供选择的建设都城条件，属于有市无城的夏口；而今鄂州市，虽然有很好的城市建设环境，却没有起码的建港条件，属于有城无港的樊楚；鄂国都城选在入注梁子湖最大河流高桥河三角洲，这就是今大冶市金牛镇胡彦贵村的鄂王城遗址，水路至今武昌巡司河口鲇鱼套和今鄂州樊口皆为九十里。

今武昌在孙权建筑的夏口城之前，有否城镇聚落，《水经注》是肯定说没有。“鹄山东北对夏口城，魏黄初二年（221 年），孙权所筑也。”黄鹄（鹤）山即俗称蛇山，其东北指古代夏口东门（宾阳门）至小东门（忠孝门）内以西，北门（武胜门）内原称正街，即今解放路司门口北段以东，蛇山、胭脂山、花园山和螃蟹甲汇接处，也即原武昌城东北一角，只占老城的 1/6 左右。这也就是说从熊渠封熊挚红为鄂王至孙权建夏口城，在 1049 年，尽管夏口港口巨大，船市繁荣，但始终处于无城市的状态，当然也无行政区的设置。中国历史上只有沿革地理盛行，夏口恰恰不被沿革地理所记载。直到孙权夏口城建成后，“对岸则入沔津，故城以夏口为名，亦沙羡县治也”。沙羡县治曾驻江北的却月城，江南的金口城，后迁到新建的夏口城。所以如蔡邕的《汉津赋》将夏口说成天下巨港和商贸中心，人们在史籍文献中，连蛛丝马迹也找不到，一下子冒出一个商都巨市，感到不可理解，殊不知此前有了上千年的发展。祝穆在《宋本方舆胜览》中说：“鄂渚在江夏西，黄鹤矶上三百步；《舆地记》云梦之南是为鄂渚，其名于《离骚》见之；《晏公类要》隋立鄂州，以渚故名。”这一说法后来流行于各种志书，《辞海》便是这样诠释的。

唐李吉甫（758—814）在《元和郡县图志》中写道：“三国争衡，（夏口）为吴之要害，吴常以重兵镇之。魏明帝（曹叡）问司马懿（179—253）曰：‘二虏宜讨，何者为先?’对曰：‘吴以中国不习水战，故敢散居东关。凡攻敌，必扼其喉而舂其心，夏口、东关，敌之心喉，若以陆军向皖，引（孙）权东下，为水军向夏口，乘其虚而击之，此神兵从天而坠矣。’”这是今武汉市武昌在战略高度上所得到的最高评价，由引文可见，在三国对垒后期，魏、吴间争战，以夏口为中心的战略。夏口不仅与吴两都之一的武昌（今鄂州市）一样，是吴国的“心喉”之地。何故?建安四年（199 年）十二月八日孙策征黄祖，《吴录》记载此战战绩写道：“火放上风，兵激烟下，弓弩并发，流矢雨集，日加辰时，（黄）祖乃溃烂。锋刃所截，猋火所焚，前无生寇，惟（黄）祖迸走。获其妻息男女七人，斩虎、韩晞已下二万余级，其赴水溺者一万余口，船六千余艘，财物山积。”一次战役，斩获三万余敌，“财物山集”，这就是当时的夏口，说其是吴国的“心喉”之地，其原因在此。

“晋庾翼（305—345）为荆州，曾理于此。”这是夏口最早成为区域政治中心的记载。“义熙（405—418）初，刘毅（？—412）表以为‘夏口二州之中，地居形要，控接湘川，边带汉沔，请荆州刺史刘道规镇夏口。’至六年（410 年），自临嶂徙理夏口，即今州理是也。”这是夏口正式成为军事政治的中心。后来宋武帝接受何尚之的建议，夏口正式纳入国家重要的政治、军事、经济、文化中心。南北朝时期，夏口已然是繁华大都会了。如齐王简栖《头陀寺碑》中写道：“南则大川浩瀚，云霞之所沃荡；北则层峰削成，日月之所迴薄；西眺城邑，百雉纡余；东望平皋，千里迢忽，信楚都之胜地也。”梁沈约（441—513）在《齐故安陆昭王碑》描写夏口为：“衿带中流，地殷江汉，南接衡巫，风云之路千里；西通鄾邓，水陆之路三七。”

总之，从熊渠伐杨粤至于鄂，那是公元前 828 年之前，鄂渚在航运和商贸上的繁荣，使楚君熊渠已经没有必要孜孜以求，企望周王朝对楚的加封，可以傲视天下，“我蛮夷也，不与中国之号谥”。他自己封三个儿子为王，与周天子的王位一样，他则是三王之父，比周天子更高的王中之王了。这一举动，并非无理取闹，而是底气十足的壮举！司马迁在《史记·楚世家》中，用了最大篇幅专写怀王，他是楚国由盛转衰的楚王，最后囚死于秦。怀王六年（前 323 年）所颁的《鄂君启节》铭文，反映的还是楚盛时期，无与伦比的水陆交通与商贸网络系统，是楚国无比强大的反映。此后直到南北朝时期，夏口地位一直处于上升之中，关键是夏口南市的繁荣，一直引领着夏口茁壮成长。

南市在城外，无论是上古，还是吴城夏口，还是牛僧孺采取丘联的唐城，一直到周德兴的明城，一直如此。一个最盛时有上百万人口的商都，何以一直地处城外，这是因为存在了 1400 余年的鹦鹉洲有如防浪岛一样，庇护了巨港产生。

四、鹦鹉洲的历史与作用

“晴川历历汉阳树，芳草萋萋鹦鹉洲”，这是武汉老少皆知的崔颢《黄鹤楼》诗中的两句。1981—1985 年重建的黄鹤楼，将黄鹤矶让给了武汉长江大桥，做了南桥头，自己被搬到了蛇山历史上的览胜亭位置。黄鹤矶海拔 34 米，而览胜亭的海拔大约 70 米；历史上黄鹤楼是三层，现在的新楼是五层，过去鹦鹉洲的下尾直抵黄鹤矶，因此庾信（513—581）便有“落帆黄鹤之浦，藏船鹦鹉之洲”的名句。

落帆和藏船皆指航运港口，黄鹤浦，又名黄军浦，还名黄金浦，皆指黄鹄（鹤）山前的江湾，因在黄鹄（鹤）山的南面，也称南浦，屈原（约前 340—约前 278）

在《楚辞·离骚》中的“送美人兮南浦”，便指此。此江湾现已淤填为陆地，今日武汉市武昌区城区的大部分，就是昔时南浦了。藏船的鹦鹉洲在明朝末年，已崩塌得无影无踪。所以原来夏口的标志性地理实体，时至今日皆为子虚乌有之物了。

长江在城陵矶接受洞庭湖水系之后，马上迎来了城陵矶—螺山的束口制约，然后则是谭其骧所说的云梦泽（见《复旦学报》1980 年《历史地理专辑》）的一部分，也即今四湖地区；顺流而下，约 70 千米，便是石头口—乌林矶束口；再下约 150 千米为大军山—槐山束口；再下约 30 千米就是武汉的“龟蛇锁大江”了。大约在三千年前江面十分宽阔，江中原有鄂渚，后有鹦鹉洲。宋王象之在《舆地纪胜·总鄂州诗》开首便写道屈原《楚辞》中的诗句：“乘鄂渚而反顾兮，欸秋冬之绪风。步余马兮山皋，邸余车兮方林。”并诠释为：“鄂渚在江夏西，黄鹤矶上三百步。《舆地记》云：‘云梦之南是为鄂渚。’其名于《离骚》见之，又《晏公类要》云：‘隋平陈，立鄂州，以鄂渚为名。’”

宋苏辙在《黄州快哉亭记》里，对黄州的江面描写为：“江出西陵，始得平地。其流奔放肆大，南合湘沅，北合汉沔，其势张，至于赤壁之下，波流浸灌，与海相若。”又写道：“盖亭之所见，南北百里，东西一合，涛澜汹涌，风云开阖，昼则舟楫出没于其前，夜则鱼龙悲啸于其下，变化倏忽，动心骇目，不可久视。”这一情景，与金口以下，直至龟蛇二山的江面如出一辙。所不同者，黄州江面没有沙洲，不能形成风平浪静的港湾，当然也不能成为巨大的水运港口和商贸都会，只能建筑一座小亭，供人观赏江上美景。古夏口，今武昌江面，历史上则形成史不绝书的沙洲，依记载是鄂渚、鹦鹉洲、金沙洲、白沙洲、新淤洲。古代鄂这个地方，东有黄鹄（鹤）山，江中有渚，故名鄂渚。江中沙洲，长消不定，现在见于文字记载的是屈原《离骚》“乘鄂渚而返顾兮”，或许后来消失了，今武汉市武昌有一段时间只称夏汭、夏口、夏浦、夏首等名。汉末，在原来鄂渚的位置，形成一个名叫鹦鹉的沙洲，史称鹦鹉洲，一般认为是祢衡在黄祖的儿子黄射于洲上设宴时，因有人献鹦鹉，即席写了一篇赋，因赋名而称洲为鹦鹉洲。

鄂渚屏护下的港口，应是《鄂君启节》铭文中，以鄂渚为港口，通过东、北、西、南四条水路为主，配以陆路的楚国商路网络系统和商贸汇聚中心的反映。故司马迁（前145或前135—?）在《史记·货殖列传》中写道：“越、楚则有三俗，夫自淮北沛、陈、汝南、南郡，此西楚也。……江陵为故郢都，西通巫巴，东有云梦之饶。陈在楚夏之交，通渔盐之货，其民多贾。彭城（今江苏徐州）以东，东海、吴、广陵，此东楚也。……（彭城）东有海盐之饶，章山之铜，五湖之利，亦江东一都会也。衡山（今黄冈市西部）、九江（今黄冈市东部，皖西，赣北）、江南（今安徽省南部）、豫章（今南昌）、长沙是南楚也。”西楚江陵，东楚彭城，独南楚未有中心，这一情况蔡邕（132—192）在《汉津赋》中给予了填补，他写道：“（夏口，今武汉市武昌）南援三州，北集京都，上控陇坂，导财运货，懋（贸）迁有无。”并且，《鄂君启节》铭文，将鄂渚通过舟节、车节的商路，将西楚、东楚和南楚以及都城洛阳、长安，联系成一个商贸网络整体，实是商都的大氛围。

夏口的繁荣，郦道元在《水经注》中写道：“江之右岸，当鹦鹉洲南，有江水右迤，谓之驿渚，三月以末水，下通樊口水。”“江之右岸，有船官浦，历黄鹤矶西而南矣。直鹦鹉洲之下尾，江水溠曰状浦，是曰黄军浦。昔吴将黄盖军师所屯，故浦得其名，亦商舟之所会矣。”故历来文人，将夏口南市的繁荣，与鹦鹉洲、黄鹤楼联系起来。其中唐宋诗人为盛，略举数例：唐代女诗人鱼玄机（约844—约871）《江行》二首：“大江横抱武昌斜，鹦鹉洲前户万家。画舸春眠朝未足，梦为蝴蝶也寻花。烟花已入鸬鹚港，画舸欲沿鹦鹉洲。醉卧吟醒都不觉，今朝惊在汉江头。”腾安也在《上鄂渚大雪》中写道：“横堤疏柳啸寒风，吹起黄云一色同。鹦鹉洲边家十万，晓来都在水晶宫。”刘禹锡也有“鹦鹉洲头浪飐沙，青楼春望日将斜”的名句。陆游（1125—1210）于乾道六年（1170年）的《入蜀记》中写道：“泊黄鹤楼，在石镜亭、南楼之间，正对鹦鹉洲，沿江边堤上，市肆数里不绝。鄂渚移舟江口，回望堤上，楼阁重复，灯火歌呼，夜分乃已。……市邑雄富，列肆繁错，城外南市亦数里，虽钱塘（南宋都城，今杭州）、建康（南宋故郡，今南京）不能过，隐然一大都会也。……至鄂州，泊税务亭，贾船客房不可胜计，衔尾不绝者数里，自京口（大运河与长江会合口，今江苏镇江）以西皆不及。……船民居市肆，数里不绝，其间复有巷陌，往来憧憧如织，盖四方商贾所集，而南人为多。”大约同时前后，范成大（1126—1193）在《吴船录》（也称《出蜀记》）也写道：“鹦鹉洲前南市，在城外，沿江数万家，廛闬甚盛，列肆如栉，酒垆楼栏尤壮丽，外郡未见其比，盖川广荆襄淮浙贸迁之会，货物之至者无不售，且不问多少，一日可尽。”

鹦鹉洲是古代夏口港和繁华的夏口南市形成的首要因素，因为浩瀚的长江束口之间的宽阔江面，只有沙洲如同近现代的防波堤一样，提供风平浪静的江湾和湖面，才能形成港口和商市。鹦鹉洲大约形成于汉代末年，而于明代末年消失，大约存在了一千四百年，见证了大武汉的发展与繁荣。于文化的发展又多有建树，洲名来源于祢衡所作《鹦鹉赋》，祢衡死后又埋葬于洲上，也可以说这是祢衡洲。宋王象之在《舆地纪胜》一书中，附有“总鄂州诗”、“鹦鹉洲诗”、“黄鹤楼诗”、“南楼诗”、“赤壁诗”等五部，除“赤壁诗”外，其余皆少不了鹦鹉洲，尤其是“黄鹤楼诗”，几乎70%以上是楼、洲两写，如崔颢《黄鹤楼》中的“芳草萋萋鹦鹉洲”，又如《白乐天·卢侍御黄鹤楼诗》中的“红叶林笼鹦鹉洲”，李白《望鹦鹉洲怀祢衡》：“魏帝营八极，蚁观一祢衡。黄祖斗筲人，杀之受恶名。吴江赋鹦鹉，落笔超群英。锵锵金玉口，句句欲飞鸣。执鄂啄孤凤，千春伤我情。五岳起方寸，隐然讵可平。才高竟何施，寡识冒天刑。至今芳洲上，兰蕙不忍生。”《三国演义》中，祢衡死后，后人有诗叹曰：“黄祖才非长者俦，祢衡珠碎此江头。今来鹦鹉洲边过，惟有无情碧水流。”此诗为胡曾所写。祢衡在《三国演义》中有专章：“祢正平裸衣骂贼”，后又改编为剧目《击鼓骂曹》，久演不衰，成为家喻户晓的文艺形象。

有关白居易的《琵琶行》引出一段佳话，使鹦鹉洲扬名得到加分。原来白在《琵琶行》之前，曾在夏口鹦鹉洲作有《夜闻歌》一诗，内中写道：“夜泊鹦鹉洲，秋江月澄澈。邻船有歌者，发调堪愁绝！歌罢继以泣，泣声通复咽。寻声见其人，有妇颜如雪。独倚帆樯立，娉婷十七八。夜泪似珍珠，双双堕明月。借问谁家妇，歌泣何凄切。一问一沾襟，低眉终不说。”所写内容与《琵琶行》极为相似，故宋洪迈（1123—1202）在《容斋随笔》中，有《白公夜闻歌者》一篇，说：“白乐天《琵琶行》，曾在浔阳江上为商人妇所作。而商乃买茶于浮梁；妇对客奏曲，乐天移船，夜登其舟与饮，了无所忌。岂非以其长安故倡女，不以为嫌耶？集中又有一篇题云《夜闻歌》者，时自京城谪浔阳，宿于鄂州，又在《琵琶行》之前。”“陈鸿《长恨歌传·序》云：‘乐天深于诗，多于情者也，故所遇必寄之吟咏，非有意于渔色。'然鄂州所见，亦一女子独处，夫不在焉，瓜田李下之疑，唐人不讥也。"似乎洪迈颇有微词。有人甚至认为鹦鹉洲和浔阳江所遇是同一个长安倡女，《琵琶行》也可能早在路过鹦鹉洲时便已写成。

由于鹦鹉洲在江上存在了1400余年，唐宋笔记中，还有《两世姻缘》，也即《玉环记》的戏曲故事。说是洲上曾有一对男女青年，青梅竹马，相亲相爱。男的叫韦皋，女的叫玉萧，男的会驾船，极会捕鱼、钓鱼；女的极会唱歌舞蹈，引来许多人欣赏参观，顺便也将男的捕钓之鱼买去，两人过着无忧无虑幸福美满的生活。后来韦皋被其伯父带走，玉萧痴情地不吃不喝而死掉，死后葬在洲上。韦皋近20年后再婚，再婚生女子的时候，正是玉萧死亡之忌日，女子一生下来，便手有玉环，与玉萧生时所戴的玉环一模一样。婚后韦皋带了新婚的妻子，回鹦鹉洲探视，恰遇洲岸崩塌，玉萧的棺木崩裂，但其尸体还如活时一样，也和韦皋新婚妻子一模一样，连韦皋也分辨不出谁死谁活，故名《两世姻缘》。明杨柔胜据此改编成《玉环记》，是明清时期戏曲舞台上常演不衰的剧目，尤其是武汉三镇更将其视为地方剧目，更是从不停演，甚至有人说是武汉人看《玉环记》时流的眼泪，将鹦鹉洲淹没了。据说刘禹锡（772—782）的《鄂渚诗》："鄂渚濛濛烟雨微，女郎魂逐暮云归。只应长在汉阳殿，化作鸳鸯一只飞。"便是写此。

夏口南市得鹦鹉洲屏挡，造就了驿渚和黄鹄湾两处港口，南市持续繁荣，从汉末、六朝至隋唐时期，夏口一直作为商都，繁华无有超出其右者。但江中沙洲，受河流主泓线变动影响，表现为三十年河东，四十年河西，像鹦鹉洲这样存在1400余年，几乎是绝无仅有。但至少在宋代开始，已发生变化，陆游在《入蜀记》中只写为："茂林神祠，远望如小山"；范成大在《吴船录》中也只"泊鹦鹉洲前，南市堤下"。已经没有六朝时期，"西渚"可以"泊兵"，"南堂"可以校射；更没有孟浩然诗写的："昔登江上黄鹤楼，遥爱江中鹦鹉洲。洲势逶迤环碧流，鸳鸯鸿鹈满滩头。滩头落日沙碛长，金沙熠熠动飚光。舟人牵锦缆，浣女结罗裳。"本是游览胜地，这时已只能远望和遥看了。原来鹦鹉洲因江流啮蚀，崩塌日盛，港湾虽还维持，但却面临岌岌可危的局面。宋元祐八年（1093年），在汉阳南纪门外江面上，突然涌出一个新沙洲，因汉阳军知军刘谊种获其上，故名刘公洲；后有李家请佃，改名李家洲。汉阳得刘公洲的屏护，尤其是夹江和汉水入江口，以及太子湖、墨水湖等与两江相通的湖泊，也形成很好的港湾和商市，形成武昌、汉阳两岸交辉的局面。当然武昌因鹦鹉洲的崩岸日剧，驿渚和黄军浦的港口条件大不如初，加上对岸的竞争，武昌南市面临着日渐萧条的危机，为了挽救这一局面，不致危及南市的繁荣，明永乐十年（1412年）武昌知府在鹦鹉洲建了一座"水母祠"，希望借助神灵保护，遏制洲地的消失，未能如愿；正德五年（1510年）武昌知府陈晦用船拖带铁器，从高处搅动泥沙，加速泥沙的流走，只一天工夫便弄开了一个空阔的港湾，招引汉阳商船转泊武昌。与此同时，刘公洲也开始崩陷，江水直冲南纪门；加上正值此时，武昌江面涌出了金沙洲和白沙洲，尤其是由于白沙洲的遮护，金沙洲两岸成为优良港湾，形成“几十万户”的商贸云集大港市。金沙洲自平湖门至起义门外，巡司河正式成为晒湖、南湖、汤逊湖、黄家湖、青菱湖等的入江通道，由鲇鱼套口控制。武昌南市再度兴起大约百年，明末宁南伯左良玉(1559—1645)，也采用陈晦的办法，不仅完全摧毁了汉阳南门，也在白沙洲内形成一个新淤洲，大致在今八铺街至省船厂一带，白沙洲完全消失，后来的白沙洲则是新淤洲的延伸；不仅如此，金沙洲也与岸连接而消失。长达1400余年的武昌南市，在天灾人祸条件下完全消失，我国内地最大商都与最大内河港口也随之消失。

三镇中的武昌，一者，蛇山可以与其南北两侧余脉支丘连接，有较好的建城条件；二者，得鹦鹉洲的庇护，形成驿渚和黄军浦两大优良港湾，造就了长江干流沿线最大港口；三者，鹦鹉洲前江堤两岸形成繁华无比的南市，成为巨大的交通枢纽和商贸中心，武昌的繁荣最早也最久。

第二节　龟山怀古　沧桑汉阳

一、汉阳摆谱

作为三镇之一的汉阳，对武汉城市溯源研究来说，无疑是重要角色，因为长江和汉江在汉阳交汇，我国最早史书《尚书·禹贡》中的“江汉朝宗于海，九江孔殷，沱潜既道，云土梦作乂”“导嶓冢至于荆山，内方至于大别”“嶓冢导漾……至于大别，南入于江”“东迤北会于汇”等皆指的是今汉阳。我国最早的文学作品《诗经》中的《沔水》、《汉广》、《江汉》、《江有汜》四篇，应是专写汉阳；《定之方中》、《四月》、《楚茨》、《常武》四篇凡提到今武汉的地方，无不指的是汉阳。武汉最早见于记载的是《春秋左传·昭公四年（前538年）》：“楚沈尹射奔命于夏汭”，也指的是汉阳；至于屈原（前340—约前278）在《楚辞》中写的：“乘鄂渚而反顾兮”“过夏首而西浮兮”“遵江夏以娱忧”“背夏浦而西思兮”“登大坟而望夏首”等，皆应指的是汉阳。考古发现的今武汉地区最早的城市聚落遗址——盘龙城，位于府沦河的北岸，今属黄陂区，与历史上的汉阳县隔河相望，但府沦河历史上要往北移，今黄陂区的后湖，原与汉口北面的后湖连成一体，盘龙城似应也属历史上汉阳县的管辖范围，如此则（古）汉阳，应是今武汉的发祥地，也是母城。

汉阳之所以很早便成为历史上的热点，首先是长江和汉江在汉阳实现交汇，这一点正是武汉长盛不衰的奥秘所在。第二是汉阳有一座著名的山峦，在古代天文星图经纬分界点上，也就是华夏大地天文中心，因此古名翼际山；因华夏大地的地域差异，由此分野，故又名大别山；因其形态有如一只仙龟，昂首摆尾，俗称龟山；

是今天武汉市的地理骨架，也即脊梁的组成部分。第三，历史上汉阳西面正是江汉平原最大湖泊——太白湖的所在地，谭其骧院士论证认为古代云梦泽的核心地域便是太白湖。《尚书·禹贡》中的“浮于江、沱、潜、汉，逾于洛，至于南河”。汉阳不仅是江汉平原四通八达水运网的中心，还是全国水运框架系统的中心。汉阳历史上的重要性，由此可见。历史上武汉最早的有记载的一些古城，如《三国志》：“鲁山县临江有城，盘基数十里，即吴江夏太守陆逊所理。”当时的沔口城沿江上至今沌口，沿汉上至今蔡甸东的城头山，形成夹角状的两条城镇带。东汉末年黄祖所守的却月城、南北朝先后筑起的马骑城、梁公城、萧公城、汉口城等，皆是古代沔口城的部分段落。其功能和性质可从《通鉴》中的记载窥见一斑：“齐和帝萧宝融中兴元年（501 年），梁武帝萧衍自襄阳举兵，向鲁山、郢城，帝曰：‘吾自围鲁山，以通汉沔’；又曰：‘汉口，路通荆、雍，控引秦、梁，粮运资储仰此气息，所以兵压汉口，连接数州，今若分兵前进，鲁山必阻沔路，搤吾咽喉，后卒平鲁山、郢城。’”其功能和战略地位已叙述得很清楚。武汉作为政治中心，也是从汉阳开始，首先是却月城作为沙羡县治，《水经注·江水》中写道：“沔左有却月城，然亦曰偃月垒，戴监军筑，故曲陵县也，后乃沙羡县治也。”东汉末年，刘表任命黄祖为江夏郡太守，将郡址由今云梦迁往却月城，《元和郡县图志》写道：“而江夏郡自上沮城移理焉，后郡移理夏口，县属不改。”

《晋书·永嘉六年（312 年）》：“晋王敦（266—324）表陶侃（259—334）为荆州刺史，镇沔口，即此。”宋、齐、梁仍为荆州治所；后周于此置复州，隋改为沔州。这一系列的政区设置皆要早于今武昌的历史。唐代诗人罗隐（833—909）《忆夏口》诗中写道：“汉阳渡口兰为舟，汉阳城下多酒楼。当年不得尽一醉，别梦有时还重游。”宋代诗人胡寅在《南纪楼》诗中也写道：“西望巫峡峰，东望洞庭湖。南望大江横，北望楚宫墟。平时十万户，鸳瓦百贾区。夜半车击毂，差鳞衔舳舻。”由此可以想见汉阳历史上的繁华与兴旺。汉阳最早兴起，之后衰落；宋元祐八年（1093 年）由于刘公洲的涌起，东滨长江，西依夹河，内布湖泊，形成优良的港口，商船来泊，大有后来居上之势。武昌南市因鹦鹉洲崩塌加剧，在与汉阳南市的竞争中，虽然受到极大的威胁，因有白沙洲、金沙洲和新淤洲的先后出现并未立即消失，这样就形成长江双港，皆具无与伦比的实力，冠盖全江。明嘉靖年间（1522—1565），汉阳南市因港口的消失而湮灭。

汉阳的历史悲剧，与其繁荣昌盛，都是同一个原因，那便是“浮于江、沱、潜、汉”。长江、长江分流河道沱江、汉江分流河道潜江和汉江，四江汇流于此，于交通可成四江枢纽；然一旦洪水铺天盖地而来，则是洪浪淘天的泽国，商家居户之民连逃跑迁移之所也没有，葬身洪水难有逃脱漏网的万幸之人。武昌靠江堤保护，汉口靠湖堤屏障，唯有汉阳既无江堤，又无湖堤，甚至明以前连城池也未建起。因此，历史上十年一遇、近代五年一遇的水灾，汉阳便是最大受害者，称它为水灾之城，是一点也不过分。清末张之洞意欲将汉阳建为中国的制造业之城，结果只在龟山北麓汉水南岸形成一个长 600 米，宽 80 米的厂区，突显连一个宽敞厂区也寻觅不到的尴尬。

龟山的总面积为 0.295 平方千米，三国时期，吴国在龟山上筑鲁山城，即使涵盖整个山体，也不足 0.3 平方千米，只是一个军事堡垒，而不可能是一个士农工商皆具的城市聚落。不得不在山下，围绕龟山筑城，但龟山四周地势低洼卑湿，概在洪水位线以下，土筑城墙屡建屡毁，形同虚设，起不到城池所起的作用。唐代武德四年（621 年）开始徙往凤栖山筑城，其山体总面积仅 0.027 平方千米，较之龟山更小，只有其 1/10 还不到，被迫向四周延拓，延拓筑城更为困难，自唐至南宋 600 多年，汉阳处于无城状态，这其间及其以前的县、郡、州府的所在时而在临嶂（即今蔡甸城头山），时而在沌阳（即今蔡甸区沌口）。南宋初年，汉阳军的最高长官黄干请筑汉阳城，先后写了一篇《筑城略》、两篇《筑城议》，一再申述筑城的必要性、可行性和急迫性，但直到南宋王朝灭亡，始终没有开筑的迹象；中经元朝，直至明洪武七年（1374 年），才建起一座周长七百五十六丈的小小城池，只开三座城楼。此城的坚固性，在明末的李自成、张献忠农民起义和清代的太平天国起义军的攻击下，皆被攻破，便知质量不过差强人意而已。

有市无城，如果说是武汉三镇的共同特点，那么汉阳的这一特点远比武昌更为严峻。之所以如此，因为龟山以西、北两面被月湖围绕，南面被莲花湖（古称南湖，后被李白命名为郎官湖）所绕，只有东面为龟山之头伸至长江之中。月湖有如一轮弯月一样，环绕龟山而得名，张之洞在龟山北面建汉阳铁厂、汉阳枪炮厂和火药厂，那是填平东月湖的结果，今江汉桥至文化宫一段，本为月湖腰堤，路通武圣路的汉江渡口，今天的月湖只是西月湖。南面的莲花湖今天只剩东莲花湖，西面还有西莲花湖，因方便汉阳城居民往来于武圣渡口，也像月湖一样，中间筑堤以便陆上往来，路西的莲花湖被填平，即今钟家村至文化宫一带。龟山建城难拓展，其原因在此。凤栖山建城，因北面便是莲花湖，受到约束，只能在其南麓展布，又受到河泊即汉江古河道的控制，河泊所连墨水湖、太子湖，东面即后与陆地相连的新鹦鹉洲，这些湖泊要占城地60％～70％的长度，每当枯水季节则成陆地，一到汛期顿成汪洋，汉阳无论在龟山建城，还是在凤栖山建城，山小湖迫都是共同特征。且两山无法像武昌那样跨山建城，始终无法发展壮大。民国初年，汉口建为特别市，类似于今天的中央直辖市；武昌也有市的建置；只有汉阳成为一个小县城，严格地说汉阳难以入列鼎足而立的三镇之一了。

二、龟山述怀

天下名山的武汉汉阳龟山，名扬四海，历久不改。龟山东西长 1730 米，南北最宽处 260 米，山顶最宽处 42 米，最窄处 3 米～5 米，面积 0.295 平方千米，最高峰海拔 90.02 米，只不过是一座寻常的小丘冈。它本名大别山，《尚书·禹贡》在《导山》中写道："导嶓冢至于荆山，内方至于大别。"在《导水》中写道："嶓冢导漾，东流为汉；又东为沧浪之水；过三澨 ，至于大别，南入于江。"大别山因与今鄂豫皖边界的大别山脉同名，常有学者质疑，上引《禹贡》中的"大别"，非指大别山脉，而是汉阳龟山的大别山。古代大别山脉或称衡山，或称霍山，如《尔雅》、《史记》、《风俗通》、《山海经》等著作，统皆如此，还没有称这一山脉为大别山的先例。而《导水》中，"（汉江）至于大别，南入于江"，又是古今皆同的事实，怎能否认？清代学者洪亮吉（1746—1809）在《大别山考释》一文，罗列了 14 个证据，否认了龟山乃《禹贡》中的大别山。洪氏最大的错误是未曾认识到，《禹贡》是一部四千年前的"全国的国土规划纲要"，因为当时最紧迫的任务是水灾的解除，故也可以说是"全国水利治理规划"，包括分区治理规划、治山规划、治水规划、国家区域发展模式选择规划等。如不这样理解，将《禹贡》理解为现实的反映，则很多内容便不能解释，尤其是荆、扬两州的"江汉朝宗于海”，明明汉江是长江的支流，而《禹贡》却要汉江与长江平行东流，各自注入东海；这一规划从未实现，如果真的得以实现，长江流域数千年的水灾史，就不会存在。又如长江与汉江在武汉合流后，直到今武穴市西北马口，即古称的青林口，由汉江汇流其上的水量，至黄梅县东与安徽接壤处今龙感湖，古称彭蠡泽，泽下分成北、中、南三江分别注入东海，事实上长江至青林口消失，是一条没有入海的内陆河，或成为汉江的支流，历代《禹贡》研究者无不为此难倒，而没有作为。

《禹贡》用很大篇幅，规划了一个“浮于江、沱、潜、汉，逾于洛，至于南河”；“东迤北会于汇”的武汉，使其成为水运业的中心枢纽和贸易商业的最大都会，有如天上星宿的翼际会合中心，因此龟山古名翼际山，黎少岑在《武汉今昔谈》一书中写道：“龟山古名‘翼际山’，《水经注》引《地说》云：‘汉与江合于衡北翼际山旁。’‘翼’为星宿名，古人依天上星座来辨别地上的方位，谓之‘分野’，《晋书》谓‘江夏入翼十二度’，翼际山可能便是作为表明‘分野’的标的物得名，就和山上现在所设的三角（水文）点一样。”龟山古名大别山，乃翼际山演化“分野”的结果。为了塑造商都武汉，采取了分区——荆州、治山、治水三大规划来实现，故刘献廷（1648—1695）在《广阳杂记》中认为：“昔神禹导汉水至于大别，会于江，俗呼大别为龟山，以形似也。隔江有山蜿蜒东出，俗曰蛇山，遥遥相望，半生以来，登览之胜，无有逾于此者。盖山虽不高，而当江汉之汇，四顾空阔，潜沱数重，环供于此，支交脉会，左右盘踞，目穷于应接矣。”林元在《敕赐汉阳大别山庙碑》中写道：“荆州之域，江汉为重；汉鄂之山，大别为表。禹乘四载，随山刊木，导水至于大别，西则岷、蜀、襄、沔之众流聚焉；南则衡、湘、洞庭之巨浸汇焉。疏凿决排，亦云劳矣。至于江浒，两矶对峙，顺流东注。朝贡舟航，浮于海，入于淮，逾于河，达于帝都，此其故也。”相传大禹治水，亲到龟山，还亲栽了一棵柏树，宋苏轼（1037—1101）曾有诗写道：“谁种殿前柏，僧言大禹栽。不知几千载，柯干长苍苔。”宋王象之在《舆地纪胜》说：“柏泉山，在汉阳县西北（今东西湖区），山下有景德寺，寺有井，古柏根蟠其中。”民间传说井中之柏根乃龟山之禹所栽的古柏之根，龟山与柏泉山相距 20 多千米，哪里会有这样长的树根？而且此根还得下穿汉江河床，现在钻探证明汉江河口河床为石英砂岩构成，钻机尚难穿透，何况植物的根系？无非是全市民众对大禹为塑造武汉商都的纪念，而且井中的柏泉是供人们饮用的，所谓饮水思源。夏倪《南纪楼》诗写道：“江发岷山如甕口，汉从嶓冢又重流。滔滔从此为南纪，我忆禹功时倚楼。”也是述说此种情怀。施士衡《秋兴上梁文》：“禹贡披图，大别之名有自周；南纪泳汉广之化流今。”也是这个意思。

龟山既然是《禹贡》规划中的商都，然而龟山很小很低很一般，并非自然天成，天下名山如五岳，如峨嵋山、武当山、神农架、张家界、庐山、黄山、天目山等，是自然的鬼斧神工，铸就了仙风灵气，生灵幽深，这些龟山皆不具备，不经人类艰苦创业，治理山水，难于屹立天地间。神禹铸造之功，值得永远缅怀！但是人的精神铸造，也是武汉商都确立的基础。琴台正是厚积薄发精神铸造的标志，俞伯牙和钟子期传为春秋战国时人，均不见于史书记载，琴台建于清嘉庆年间（1796—1820），光绪八年（1882 年）重修，立世时间只二三百年，民间传说却有二三千年之久。冯梦龙（1574—1646）在《三言·警世通言》的首篇便是：《俞伯牙摔琴谢知音》，写的是琴台的内涵内容。这一传说存在于武汉地区大众的口碑之中，冯梦龙的功绩是很好地记录和再现了三千多年一直流传至今的故事：楚籍（今石首市人，石首调弦口据说便来源于俞伯牙）晋国上大夫俞伯牙，到楚国进行外交活动，回返旅途中，在龟山汉江口突遇暴风雨，避风泊于月湖湾，弹奏《高山流水》这一高尚名曲，以打发闲极无聊的时光。龟山樵夫钟子期，不仅对这一乐曲有深切的理解，而且对音乐理论也有精深研究，是俞伯牙走遍五湖四海从未遇到的知音，因此结为生死之交的朋友加兄弟关系。因开船在即，无法长谈，相约一年后的今天，再到龟山相会，不料来年伯牙来到龟山下的月湖湾，却不见子期的踪影，只好依子期所讲的地址去他家相会，路遇子期的父亲，方才知道子期已逝世。他摔琴谢知音，并继承子期奉养父母的遗志，将钟子期的父母晚年生活料理得细致入微。这一传说武汉人之所以津津乐道地传颂了三千多年，是因为第一，说明武汉人的素质高，一个龟山樵夫竟然满腹经纶，犹如音乐家一样，让人高深莫测，肃然起敬。说明武汉不仅是市场广大、运输发达的商业大都会，是理想的淘金场所，武汉还是一个文化底蕴深厚的城市，学者、专家不论从任何角度，即使像音乐这样的学科，也能找到自己的知音，这样的知音不仅是武汉的专家学者，即使普通劳动者，连龟山樵夫，也可寻觅到举世非常少有的专业、人品知音。历史上高尚学者文人官员，大多都有到武汉的经历，比如屈原“乘鄂渚而反顾兮，欸秋冬之绪风。”（《涉江》）“过夏首而西浮兮，顾龙门而不见。”（《哀郢》）“吾将荡志而愉乐兮，遵江夏以娱忧。”（《思美人》）“背夏浦而西思兮，哀故都之日远。”（《思美人》）诸如此等。他将生命的最后时光，在鄂渚的山水间完成《楚辞》的创作。他的《楚辞》继承人宋玉在汉阳府汉川县创作了脍炙人口的《高唐赋》，至今汉川县还有阳台山，其上有阳台庙，都是著名的历史文化古迹。黎少岑在《武汉今昔谈》一书中说道：“武汉很早便是游览胜地，唐宋的诗人词客，很少没有到此地题诗的；只有杜甫一人，已赋《余下沔鄂及登舟将适汉阳诗》，不幸在来阳途中贫困以死。”什么原因，便是在武汉总可以寻觅到自己梦寐以求的知音。第二，樵夫钟子期不卑不亢的性格，是武汉人性格的体现。俞伯牙是晋国上大夫，应是高级官吏，从在此弹奏《高山流水》来看，还是一位才华横溢、风流倜傥的高级知识分子，与老百姓的关系，见面时居高临下，不屑一顾，伯牙的态度与历来的官场风气没有任何差别；钟子期尽管戴着斗笠，披着蓑衣，穿着草鞋，纯粹一个龟山樵夫，经人介绍，见了大官，首先并没有顶礼膜拜，也没有阿谀奉承，表现得从容镇静，回答问题从容不迫，井井有条。其次，被人起敬后，礼仪表现十分得体，即便是面对上大夫这样的高官，也表现得有礼有节，正是这种性格，让伯牙佩服，以致结下了平等的兄弟之情、朋友之义，这种知音关系千古流风；人们在讨论武汉人的性格时，有人说武汉是最市民化的城市，有人说码头化的城市，从知音文化传统来说，武汉是最有文化底蕴、最有教养的礼仪之城、文明之市，这才是武汉人的性格。第三，不要从俗，更不要媚俗。钟子期没有向俞伯牙讨官，也没有要钱，在商都之中不将利益的追逐之世风俗气，带到人际交往之中，在经久不衰的商都史过程里，突显科技、教育和文化之都。第四，一个龟山樵夫，不仅能品味《高山流水》这样的高雅音乐，而且对乐史、乐理都有精深的研究，即便是号称风流才子的俞伯牙，听了他的一席话，也都惊讶叹服、佩服、折服！如果他是乐师一类人物，也还罢了，可他偏偏是一介樵夫，有这样的素养，应是世间少有，天下难寻了，究其原因，原来武汉自古为游乐之都，因此《诗经·汉广》中写道：“南有乔木，不可求息，汉有游女，不可求思，汉之广矣，不可泳思，江之永矣，不可方思。”

“翘翘错薪，言刈其楚，之子于归，言秣其马，汉之广矣，不可泳思，江之永矣，不可方思。”

“翘翘错薪，言刈其蒌，之子于归，言秣其驹，汉之广矣，不可泳思，江之永矣，不可方思。”

从《诗经·汉广》来看，正好是写龟山樵事活动，人们在劳动之余，或游览，或骑马，或骑驹，边劳动，边歌唱，民间文学十分发达，歌颂秀丽的自然景观，歌颂汉江和长江塑造的大自然之杰作——龟山。植根于龟山樵夫的钟子期无异进了传统音乐学院，《高山流水》或许便是他们创作，许多乐器或许便是他们当时娱乐时演奏的工具，龟山的瑶琴，黄鹤楼的箫笛，都有记载。当今许多人探讨武汉的文脉是什么？在哪里？我们说琴台正是人们要探觅的文脉所在。《高山流水》应是武汉市的市乐！

龟山作为古往今来的三楚名山，既有秀丽多姿的自然风光，又有蕴藏深邃的文化底蕴，但最重要的还是它造就了武汉的好汉角。

三、好汉角遐想

好汉角并非真实的武汉地名，但却是武汉最确切的名称。我指的是长江与汉江相汇的夹角，也即今汉阳区晴川街道办事处所辖的地域。东界长江，北界汉江，西和南为江汉桥和武汉长江大桥间，由两桥引桥大道构成的边界，地图上很像一个半岛形状。长江、汉江和大别山这三个《尚书·禹贡》的地名，全都汇聚于此；尤其是江汉在此相汇，人类历史上的水运时代，一个“浮于江、沱、潜、汉”的大港，诞生在这里，这种地理环境，这种区位优势，虽然充满了惊险，充满了灾难，正像非洲南端，是一个充满惊险和灾难的角落，1487 年葡萄牙探险家狄亚士（Bartholomew Dias）首航到这里，取名叫暴风雨之角（葡文为 Cabo tornentoso），但葡萄牙国王却改名为好望角（Capa of Good Hope），因为它开拓了由海路到印度去的希望。

郦道元在《水经注》中写道：“江水又东径鲁山南。古翼际山也。《地说》：汉与江，合于衡北翼际山旁者也。……山左即沔水口矣。”这一记载有正本清源的功效，因为《明史》中有成化年间（1465—1487）汉水改道的记载：“汉水自汉川县流入，旧径山南襄河口入江，成化初，于县西郭师口之上决，而东从山北注于大江，即今之汉口也，有汉口巡检司。”从上述两则记载，个人以为汉江在龟山北的今口入江，古今皆同，不存在成化决口之说。但是汉江下游，是云梦泽主要分布地区，等于是先入湖，再入江，也即形成一系列水网，并与长江相通达，上从今洪湖市的新滩，下至今黄陂区武湖南的五通口；自上往下如水洪口、沌口、汉口、滠口、沙口等，皆是汉江入注长江的口门，因此，《尚书·禹贡》

称之“浮于江、沱、潜、汉”。无法分清这些稠密的水网，究竟是哪条河道所属。龟山是大军山至阳逻间的唯一山峦，又濒临长江，并与对岸的蛇山形成龟、蛇锁大江的雄伟壮丽景观。

汉江自丹江口以下，河道宽阔，但在林鄣山（即今蔡甸区城头山）以下，河道十分狭窄，在古代并不适宜于航运港口的形成。有文献记载的今武汉地区最早城市聚落遗址，便是位于龟山之北、汉江南岸的却月城。《水经注》：“沔左有却月城，然亦曰偃月垒，戴监军筑，故曲陵县也，后乃沙羡县治也。昔魏将黄祖所守，遣董袭、陆统攻而擒之，祢衡亦遇害于此。”有人据此认为却月城位于今汉口，因“沔左有却月城”，其实是今月湖与汉江古代相连通，却月城建在汉江和月湖湾之间，月湖湾才是最早的港口，类似于后来的武昌、汉阳南市。由于汉江在入江口一段，受江水顶托，水流缓慢，汉江泥沙淤积，月湖湾口被淤塞，形成内陆湖泊，失去了港口功能，却月城没有生存、发展条件，渐被武昌、汉阳两南市替代而消失。潘新藻在《武汉市建制沿革》一书中说：“却月故城，在汉阳县北三里，周回一百八十步，高六尺。在今汉阳区月湖附近，戴监军所筑，黄祖所守，孙权所屠。”如果仅是人文过程，毁后再建是普遍规律，却月城毁后完全消失，不能不归咎于自然原因了。王葆心在《续汉口丛谈》一书中说：“古所谓沔口者，其水甚微。”汉江南汉道和北汉道先后成了主水道。主水道因淤积，“其水甚微”，导致汉江南汉道成为主流入江口，即今武昌鲇鱼套对岸的腰路堤中段，古称汉口。王维（701—761，一作698—759）在《送康太守》一诗中的“饶吹发汉口，使君居上头”，便指此。这一汉道从东汉末年至明成化年间，存在1200年左右，也因入口淤塞而消失，命运与古却月城如出一辙。

清末张之洞（1837—1909）于1889年调任湖广总督后，填塞东月湖，在却月城遗址上建湖北枪炮厂和汉阳铁厂，在今晴川饭店江边建煤铁起运港口，并建轻便铁路连通二厂，大有恢复好汉角历史辉煌的宏图大志。但是，今晴川街办事处包括古却月城、鲁山城、东月湖、龟山以及南岸咀的总面积1.06平方千米，居住约3万人口，即使全部利用起来，也只能形成一个极小的乡镇，无法容纳今武汉发展的需要。

好汉角最早建立却月城，是武汉地区城市建设的开端肇始地；作为近代武汉工业建设，张之洞又选择好汉角作为制造业中心，为什么这样？这是因为长江和汉江在这里相汇，历经三千多年始终是武汉区位的标志。《水经注》：“江水又东径鲁山南。古翼际山也。《地说》曰：汉与江，合于衡北翼际山旁者也。山上有吴江夏太守陆涣所治城，盖取二水之名，《地理志》曰：夏水过郡入江夏也，旧治安陆，汉高帝六年（前201年）置，吴乃徙此。城中有晋征南将军、荆州刺史胡奋碑，又有平南将军王世将刻石，记征杜曾事，有刘琦墓及庙也。”上述记载是武汉作为政治中心的最早记录，说明东汉至魏晋时期，首先在好汉角开始进行开拓。《水经注》接下来写道：“山左即沔水口矣，沔左有却月城，然亦曰偃月垒，戴监军筑，故曲陵县也，后乃沙羡县治也。昔魏将黄祖所守，遣董袭，陆统攻而擒之，祢衡亦遇害于此。”这是最早的城镇聚落的描述。

江南的武昌，尽管很早便有驿渚、黄军浦两个港口，建城却晚得多。《水经注》写道：“鹄山东北对夏口城，魏黄初二年（221年），孙权所筑也。依山傍江，开势明远，凭墉藉阻，高观枕流，上则游因流川，下则激浪崎岖，实舟人之所艰也，对岸则入沔津，故城以夏口为名，亦沙羡县治也。”武昌的开发是借好汉角之名，利用好汉角的优势进行的开发。包括夏口的名称，以及后来的江夏县和今日之江夏区名，皆是借用好汉角之名。李吉甫于唐元和八年（813年）进呈的《元和郡县图志》写道：“汉为沙羡县之东境。自后汉末谓之夏口，亦名鲁口。吴置督将于此，名为鲁口屯，以其对鲁山岸为名也。三国争衡，为吴要害，吴常以重兵镇之。魏明帝问司马懿曰：‘二虏宜讨，何者为先?’对曰：‘吴以中国不习水战，故敢散居东关。凡攻敌，必扼其喉而舂其心。夏口、东关，敌之心喉，若以陆军向皖，引权东下，为水军向夏口，乘其虚而击之，此神兵从天而坠矣。’”可见，江南武昌也是借重好汉角而发展。

北宋祝穆的《宋本方舆胜览》和乐史的《太平寰宇记》，以及南宋王象之的《舆地纪胜》等宋代舆地著作，虽然篇幅长短不一，但《元和郡县图志》的基本内容，还是延续。乐史在《太平寰宇记》中写道："（江夏郡）《汉书·地理志》应昭注云，一名夏口，亦名鲁口。"章怀太子李贤（653—684）在《后汉书注》中写道："汉水始欲出大江为夏口，又为沔口。夏口实在江北。孙权于江南筑城，依山傍江，对岸则入沔津，故名。以夏口亦为沙羡县治，至唐置鄂州，而夏口之名移于江南；沔水入江之口，止谓之沔口，或谓之汉口。夏口之名遂与汉口对立，分据江之南北矣。"

汉阳衰败早在汉末却月城被战争摧毁，便已开始，因为鲁山城、萧公城等，只算是军事营垒性的堡垒，但商贸业发展似被对岸武昌替代，如唐元和年间鄂州江夏的户口为19190户，这是713—740年的记载，至806—820年的元和年间，武昌的户口已增至38618户，较之开元户口增长了一倍以上，但汉阳却由开元的5286户，已降至元和的2262户，只有开元户的42.79%，不到百年时间减少如此之多。写于979—987年的《太平寰宇记》所记，武昌的户口为25484户，仅为元和户口的66%，并且还有客户15014户，占总户口数的58.92%，超过当地户口。汉阳在宋代太平兴国年间（976—982）的户口为3719户，只为武昌的14.59%；而且客户为2280户，占总户数的61.31%，成为客户为主的城市。

我们比较了北宋时期，全国政治、经济、文化中心城市，如东京开封、西京洛阳、雍州长安、蓟州北平、扬州江都以及金陵南京、钱塘杭州等市，虽然有的规模大于武昌、汉阳，但客户多于主户的现象，除武汉外，没有他例。

好汉角代表着武汉，尽管众水之汇，使武汉有史不绝书的水、火两灾，以致古城湮灭，遗址难寻；巨大商都如武昌南市、汉阳南市以及塘角的昙花一现等，现在却是了无踪迹。但四通八达的交通运输，深居腹地的区位，涵盖半个中国的市场，上下四千年的历史传统，塑造了长盛不衰的商都。振兴好望角，从 19 世纪末，直到今天，最本质的方略便是水利的基础建设，大禹治水的故事发生在四千年前，他的功绩是全国性的水利建设，但是禹功矶和禹功祠，将“仰视大别之固，俯视沧浪之浸，阅吴蜀楼船之殷，鉴荆衡薮泽之大”和“据凤栖之峻峰，倚大别之巨麓，蜀江西来，汉水东入，山光水色四环而交映”，将所有这些归功于大禹治水，正如夏倪《南纪楼》诗所写：“滔滔从此为南纪，我忆禹功时倚楼。”张之洞于 1889—1907 年任湖广总督，为武汉政治、经济、文化建设贡献良多，但最大功绩还是堤防建设，包括武昌武丰堤和武泰堤，汉阳的月湖堤，汉口的张公堤，总长 72 千米，造就了近 1000 平方千米的城区建设面积，使武汉一跃成为全国面积最大和人口最多的超特大城市之一。可以认为，张之洞完成了大禹未完成的治水伟业，使好汉角真正成了走出华夏，问鼎世界的希望之星！

四、月湖寻根

唐代诗人李群玉在《汉阳春晚》一诗中写道："汉阳抱青山，飞楼映襄渚。白云蔽黄鹤，绿树藏鹦鹉。"宋王象之在《舆地纪胜》第七十九卷"荆湖北路汉阳军"中，将这首诗列于首位，后面才是李白、王贞白、王维、温庭筠、罗隐、刘禹锡等人的诗词。其实，这是一首有关武汉的地名诗，包括汉阳、襄渚、黄鹤楼、鹦鹉洲，还有一个隐地名，即"汉阳抱青山"句中的青山，便是古名翼际山，又名大别山、鲁山，俗名龟山；其中，襄渚一名，则是前无古人，后无来者，仅出现在李群玉的诗中；鄂渚是黄鹄矶上三百步的大江中的沙洲，与后来的鹦鹉洲位置相同，功能类似，史地文献中多有记载；沙洲不见于汉江，但是却月城是有文献记载的最早城址，记载简略，而且又连连发生错误，这是为什么？

王国维（1877—1927）的《水经注校》一书写道："江水又东径鲁山南。右翼际山也。《地说》曰：汉与江，合于衡北翼际山傍者也。"这里的最大错误是"右翼际山也"，翼际山今名龟山，在大江左岸，这里将"古翼际山也"的"古"字误为"右"，以致位置颠倒，而且此句是解释《水经注》中的"江水又东径鲁山南"中的"鲁山"；接下来又发生错误："山上有吴江夏太守陆涣所治城，盖取二水之名。”《地理志》曰：“夏水过郡入江夏也，旧治安陆，汉高帝六年（前 201 年）置，吴乃徙此。”这一段错在“夏水过郡入江夏也”，应是“夏水过郡入江也”；第三个错误，便是记载却月城的一段，即：“山左即沔水口矣，沔左有却月城，然亦曰偃月垒，戴监军筑，故曲陵县也，后乃沙羡县治也。昔魏将黄祖所守，遣董袭、陆统攻而擒之，祢衡亦遇害于此。”这里最大错误是“沔左有却月城”，不少人据此认为今汉口是武汉的发祥地，因为历史上府沦河在今河北面，黄陂区的后湖地区本是汉口后湖的支汊，考古发现的武汉最早城址盘龙城遗址，历史上应是汉口的范围；文献记载的武汉最早城址却月城，也在汉口。

却月城不在沔左，恐怕也不在沔右，因为沔右是却月湖和龟山，容纳不了一个却月城。有可能是位于沔江之中的襄渚，因为却月城在黄祖被擒后，在曹操得刘琮降后，命文聘为江夏太守，继屯沔口，孙权屡攻不下。赤壁之战后，沔口亦为吴国战略重镇，使陆逊驻屯于此，因此《三国志》转旧《舆地志》说：“鲁山县临江有城，盘基数十里，即吴江夏太守所理。”《晋书》永嘉六年（312 年），王敦（266—324）表陶侃（259—334）为荆州刺史，镇沔口，即此。《通鉴》：“齐和帝中兴元年（501 年），梁武帝萧衍自襄阳举兵，向鲁山、郢城，帝曰：‘吾自围鲁山，以通汉沔’；又曰：‘汉口，路通荆、雍，控引秦、梁，粮运资储仰此气息，所以兵压汉口，连接数州，今若分兵前进，鲁山必阻沔路，搤吾咽喉，后卒平鲁山、郢城’”。直到隋朝改为沔州，唐亦在此置沔州。当然唐代的沔口或许已不再景气，李吉甫在《元和郡县图志》中写道：“沔州，汉阳。上，开元（713—741）户五千二百八十六。元和（806—820）户二千二百六十二。”元和户仅开元户的42.79%，不到一百年，户口的剧烈减少，很可能是沔口城发生了可怕的天灾人祸。与此同时江对岸的鄂州江夏，却是另一番景象，同书说：“鄂州，开元户一万九千一百九十一，元和户三万八千六百一十八。”一百年间，户口增加了2.01倍。

汉末蔡邕（132—192）在《汉津赋》中把夏口描写为：“南援三州，北集京都，上控陇坂，导财运货，懋迁有无。”这个夏口指的便是江北的夏口，也即沔口，因为江南孙权于魏黄初二年（221年）在黄鹄山所建夏口城，是蔡邕死后29年才建。沔口或说却月城，是今武汉最初的大港口，月湖是汉江河口河漫滩上的牛轭湖，由于月湖西连汉江，东通长江，襄渚正好处在汉江与月湖之间，月湖湾受襄渚和龟山的保护，形成风平浪静的港湾，是非常理想的大港口。蔡邕写的是《汉津赋》，由于三镇地名互名现象极为普遍，而且是古往今来，概莫如此，只有汉津一名，专指汉阳，隋代专设汉津县于汉阳，便是证明。汉津夏口，专指却月城，应是毫无疑问的肯定说法，反映的是历史的真实。

《水经注》关于沌口的记述也是错误的，如“（江水）又东北至江夏沙羡县西北，沔水从北来注之”。这里的沔水实指沌水，由于汉水和沔水实为一水二名，汉水与长江会合之口，是非常重要的地名，怎能如此轻率？尽管郦道元在《注》中，没有沔水的蛛丝马迹，但《注》中又屡屡错误，完全没有史地第一人的风范。《注》中写道：“沌水上承阳县之白湖，东南流，为沌水，径阳县南，注于江，有阳都尉治，晋永嘉六年（312 年），王敦以陶侃为荆州镇此，明年徙林鄣。”自汉至魏晋南北朝，没有阳县的设置，应是沌阳县之误，李吉甫在《元和郡县图志》中写道：“晋于今州西临嶂山下置沌阳县，江夏郡自上昶城移理焉。”王象之在《舆地纪胜》将上述《水经注》改写为：“《水经注》云，沔水上承沔阳县之太白湖，东南流曰沔水。”

月湖古名却月湖，东抵龟山东北隅，南傍龟山、古琴台与梅子山，西抵赫山北麓，北与汉江多口相连，东西长 6150 米，南北宽约 450 米，现仅剩西月湖，湖水面积 1.42 平方千米，古代月湖水面至少应是今湖的 2 倍以上，形成开阔风平浪静的港口，条件是十分优越的。却月城便建在月湖与汉江间的沙洲之上，形状依湖形而成却月状，自今铁门关之禹王矶起，沿汉江直至今汉江的江汉二桥止，因此陈寿（233—297）在《三国志》中写道：“鲁山县临江有城，盘基数十里，即吴江夏太守所理。”王象之在《舆地纪胜》中引《梁书》写道：“梁武帝曰：汉口不阔一里，以前道交至，不若遣军逼郢，吾自围鲁山，以通汉沔，使郧城、竟陵之粟，方舟而下。”王象之也有错误，那便是对却月城的记载，他写道：“却月城，《元和郡县志》云：‘在县北三里’；又《水经注》：‘沔左有却月城；又《荆州记》曰沔口北岸，临水有却月城，魏将黄祖所守，吴遣董习破而擒之，其城遂废。’”因此，造成却月城属昙花一现的城池印象，如潘新藻便在《武汉市建制沿革》一书写道：“（却月城）戴监军所筑，黄祖所守，孙权所屠。”

却月城为戴监军所筑，见于《水经注》，戴监军究竟何许人，不清楚，但却月城为黄祖所守，大致建安四年（199 年）受孙策攻击，同年十二月八日再次被攻，孙策火攻取胜，获祖妻息男女七人，斩二万余级，水溺死者万余口，船六千余艘，财物山积，只祖走脱。建安五年孙权继位后，于八年、十二年和十三年，不断发动攻祖的战争，遂于十三年（208 年）屠城杀祖，俘虏子民数万口。可能城池受到破坏，但随后刘琦继位江夏太守，刘备从当阳败后，皆进住夏口，却月城所在的夏口，并未废弃。赤壁之战后，黄武五年（226 年）“孙权闻魏文帝崩，征江夏，围石阳，不克而还”。直到唐武德四年（621 年）始徙凤栖山而建城，沔口的却月城才正式消失。尽管各种史志文献没有注明却月城消失。汉阳城由龟山迁往凤栖山的原因，但汉江月亮湾变成却月湖，不能再有港口功能，应是主要原因。加上对岸江南的驿渚、黄军浦和南浦等港口的兴起，所以导致户口的飞长与骤消的明显对比。

却月城的准确位置，似应是今晴川街的东部。古代东月湖与长江自然连接，江水和湖水混为一体，没有分界线。汉阳最早在今晴川街有两座古城，一是戴监军所筑的却月城，城很小，《读史方舆纪要》说其“周一里八十步，高六尺；隔东月湖，与鲁山城相对”，是孙权(182—252)在赤壁之战后所筑，较却月城更为狭小，因为山头可供建城条件的土地限制。却月城高六尺，主要作用是汛期充当堤防，即便这样，还是常遭淹没。但月湖湾还是因为位置特别重要，商旅活动十分繁华，后来汉阳州城迁往凤栖山建城，这里仍然不减当年，明正德元年（1506 年），也即州城迁走后 885 年，在长江岸边建筑免溺堤，由于堤上遍植杨柳，起防浪护堤作用，也称杨柳堤；由于月湖四周居民密集，为了两岸居民来往方便，清雍正十年（1732 年）汉阳知府高纲和绅士甘昌棋捐资建起跨湖大桥，这就是名称一直保留至今的高公桥，晴川路北段至今还被称为高公街。

清代末年，张之洞填平了东月湖，兴建汉阳铁厂和汉阳枪炮厂，抗日战争期间，汉阳铁厂整体内迁，这就是今天的重庆钢铁公司，枪炮厂也他迁内地。原厂址成为新中国成立后的武汉市第一纺纱厂。晴川街依旧是汉阳区繁华的商业街区。却月城完全消失，还与汉阳城南迁凤栖山，在唐城南纪门外形成汉阳南市有关。

五、南纪楼遐思

汉阳地当长江和汉江会合之口，这个口门有许多名称，如沔口、夏口、汉口、鲁口、江汉、江夏等；夏汭、汉阳、汉阴、汉津、沔州、沔阳等，也是不同时期使用的名称。但汉阳一个致命的限制因素，是没有适合建城的土地，山太小，如龟山、凤栖山、梅子山、临嶂山等，都只是小冈丘，其上建了鲁山城、临嶂古城、梁城、萧城等，都只是弹丸之地，难以发挥城镇的功能；湖太多，如月湖、南湖、墨水湖、太子湖、后官湖、三角湖等，且丘冈多被湖泊包围；地太低，如却月古城，如新鹦鹉洲等地，都只在冬春旱季才成陆地，夏秋雨季则成泽国；因此，汉阳建城条件非常艰难。却月城建在沙洲之上，此沙洲又名襄渚，北汉江，南月亮湾，但地势很低，在汛期洪水位以下，常常被洪水所淹；后来尝试在龟山、临嶂山上建城，无奈山体太小，城市为弹丸之地，只能聊作象征意义，不能发挥城市功能；也曾在沌水入江口筑城，这就是沌阳古城，与却月城一样，常常遭洪水淹没。

根据张仲炘民国十年（1921 年）编纂的《湖北通志·古迹》中所列的汉阳县古城有：沌阳故城、江夏故城、鲁山城、诸葛城、汉阴城、萧公城等六座，其中沌阳故城有沌口城和临嶂城；加上却月城、马骑城共有九座城池。唐武德四年（621 年）徙凤栖山建城，当时萧铣、鄂州刺史雷长颖以鲁山来降，主持凤栖山新城建设，规模颇大，城周长为一千零七十二丈，共有八座城门，东迎春、南沙洲、西孝感、北汉广、东南朝天、西南汉南、西北下议、东北庆贺。因是土城，宋宣和三年（1121 年）被大洪水淹毁直到明初甲辰，即永乐二十二年（1424 年）由知府程瑞改筑新城，但有所缩小，城周长七百九十一丈三尺，只开三门，即东朝宗，南为南纪，西为凤山。砖城则经历明、清两朝逐段改筑。1927 年北伐军攻占汉阳后拆毁。

《水经注》写道："江水又东径鲁山南。古翼际山也。"《地说》曰："汉与江，合于衡北翼际山傍者也。山上有吴江夏太守陆涣所治城，盖取二水之名。"《地理志》曰："夏水过郡入江也，旧治安陆，汉高帝六年（前 201 年）置，吴乃徙此。"由此看来，三国时期此地的却月城便已废弃。书中写道："山左即沔水口矣。沔左有却月城，然亦曰偃月垒，戴监军筑，故曲陵县也，后乃沙羡县治也。昔魏将黄祖所守，遣董袭、陆统攻而擒之，祢衡亦遇害于此。"因此，历代认为却月城被孙吴所屠而毁。唐武德四年移徙到凤栖山建城，一是却月城已完全废弃，鲁山城也已荒废，不仅城池的功能无法维持，而且连象征意义，也难以为继，因为龟山建城条件固然十分勉强，但毕竟比凤栖山高大，因为凤栖山其东西长 380 米，南北宽仅 70 米，面积 26600 平方米，合 0.0266 平方千米，山高海拔 42.93 米，较龟山差得太远了。二是月亮湾已成月湖，港口条件丧失，而且汉江河口改道从硚口对岸冲出一道，经墨水湖，循鹦鹉洲北套河，在今腰路堤注入长江，加上宋元祐八年（1093 年）

刘公洲在入口外侧涌出，尽管此后仅28年，新城毁于水灾，但蔡纯仁在城毁的同时，马上修建了南纪楼，形成无城的城门楼，以适应南汉口港的繁荣发展。宋夏倪《南纪楼》诗写道："江发岷山如甕口，汉从嶓冢又东流。滔滔从此为南纪，我忆禹功时倚楼。"冯袒《南纪楼》诗写道："岂忍轻离江汉州，去思日夜逐东流。可怜南纪楼前路，常与邦人忆蔡侯。"最著名的是胡寅《南纪楼》诗："西望巫峡峰，东望洞庭湖。南望大江横，北望楚宫墟。平时十万户，鸳瓦白贾区。夜半车击毂，差鳞衔舳舻。麦麻漫沃衍，家家足粳鱼。"汉阳南市，也即南纪楼外的港口情况和商贸繁荣景象，在北宋宣和年间（1119—1125）是十分繁荣和昌盛的。

实际上汉阳的港口由龟山北口，移往南纪楼外，早在隋唐之初，便已成事实。唐初移建凤栖山汉阳城，便是其反映。汉阳南市又称汉口，唐代诗人罗隐（833—909）在诗中写道："汉阳渡口兰为舟，汉阳城下多酒楼。当年不得尽一醉，别梦有时还重游。"唐代另一诗人韩偓（844—约914后）在《过汉口》一诗中写道："浊世清名一概休，古今翻覆剩堪愁。年年春浪来巫峡，日日残阳过沔州。居杂商徒成富庶，地多词客自风流。联翩半世腾腾过，不在渔船即酒楼。"唐代汉口因港口带动商贸繁荣景象凸现，尤其是"居杂商徒成富庶，地多词客自风流"，商荣文盛的文化底蕴，得到表现。直到元、明时期，汉阳南市繁华依旧，吴湛在《汉口》一诗中写道："雄镇曾闻夏口名，河山百战未全更。竟流汉水趋江水，夹岸吴城对楚城。十里帆樯依市立，万家灯火彻宵明。梁园思客偏多感，直北苍茫是汴京。"明初达到鼎盛，请看诗人查慎行（1650—1727）的《汉口》一诗："巨镇水陆冲，弹冠压楚境。南行控巴蜀，西去连鄢郢。人言纷五方，商贾富兼并。纷纷隶名藩，一一旗号整。骈骈舻尾接，得得马蹄骋。俜俜人摩肩，慼慼豚缩颈。群鸡叫喔咿，巨犬力顽犷。鱼虾腥就岸，药料香过岭。黄浦色官盐，青箬笼苦茗。东西水关固，上下楼阁迥。市声朝喧喧，烟色画暝暝。一气十万家，焉能辨庐井。两江合流处，相峙足成鼎。舟车此辐辏，翻觉城廓冷。"清中期著名史学家赵翼（1727—1814）在《夜泊汉口》一诗中写道："一派晴江接汉川，落帆风紧到堤边。繁星历乱千樯火，幻市春红万瓦烟。孔道舟车人似海，中宵弦管月中天；经过别有繁雄意，笑我何求也泊船。"

赵翼生于清雍正六年，逝世于嘉庆十九年，他的诗起码说明汉阳南市直到清代乾嘉时期还很繁荣，也即是汉阳南市的汉口，从武德四年（621 年）至赵翼去世的嘉庆十九年（1814 年），共计 1193 年，应是十分久远了。而不像一般地方史志说的那样，只是一个匆匆过客。而南纪楼一方面见证了南市将近 700 年的历史；另一方面，它实际上也起着黄鹤楼对武昌南市那样的作用。

问题是查慎行（1650—1727）与刘献廷（1648—1695）是同一时代的人，两人笔下的汉口，是同一个汉口，还是两个汉口？还有一个同时代的学者，那便是顾祖禹（1631—1692），依查、刘，汉口已然是“一气十万家，焉能辨庐井”；已然与京师、佛山、苏州并列为“天下四聚”；但顾祖禹写《读史方舆纪要》，武昌和汉阳皆写得十分突出，而汉口则连词目都不是？十万家，每户以 5 人计，便是 50 万人口的城市，在明末清初不要说湖北，即便全国也是屈指可数的大城市。如果指汉阳南市的汉口，宋代诗人胡寅在《南纪楼》一诗中，便有“平时十万户”，到明末清初，虽未增加，但也没有减少，应该是说得过去的。根据朱衣写的《汉阳府志》，成书于嘉庆二十五年（1820 年），乾隆三十七年（1772 年）汉口人口为 9.94 万，嘉庆二十五年人口 12.92 万，与查、刘的描写当有很大差距。赵翼出生于查慎行逝世的那一年，他的《夜泊汉口》一诗，开首便写道：“一派晴江接汉川，落帆风景到堤边”，今汉口本身便是濒临汉江的港口，不应写作“一派晴江接汉川”，而南纪楼外汉口，则位于汉江支汊入江口，有了转折；而“落帆风景到堤边”，今汉口由崇祯八年（1635 年）汉阳府通判袁焻主持，修筑了一道长堤，史称袁公堤，是防御后湖之水的浸灌，并非长江和汉江的沿岸堤防，当然也没有供船泊落帆防风的屏障功能，而南纪楼外的汉口却有著名的拦江堤，鹦鹉洲夹河，得拦江堤保护，成为船泊聚集的繁华港口。

汉阳无论是却月城、沌阳城，还是南纪楼外南市，都因港口兴盛和商贸繁荣而兴起，也因港口功能消失而灭亡，这是其共同特点。查慎行《汉口》诗中的“人言纷五方，商贾富兼并。纷纷隶名藩，一一旗号整。”汉口因是“东迤北会于汇”，提供的是大交通、大市场、大文化，因此是供天下进行大交易、大商业贸易的场所，各地方言、商家在此混合经商，按各地隶属区域置旗布局，俨然浓缩的天下大地图。“骈骈舻尾接，得得马蹄骋。傍傍工人摩肩，慼慼豚缩颈。群鸡叫喔咿，巨犬力顽犷；鱼虾腥就岸，药料香过岭。”这是多么繁华的景观，自古南船北马的交通格局，在此却完全融洽在一起；人烟稠密，六畜丰盛，水产和药材也应有尽有，提供了人们丰富的物质基础。“黄浦色官盐，青箬笼苦茗。东西水关固，上下楼阁迥。”盐、茶两大生意，通过东西两关，为国家收取巨额的税收，这是国家商都的基本属性和主要功能。“市声朝喧喧，烟色画暝暝。一气十万家，焉能辨庐井。”两江合流处，似足成三鼎；舟车此辐辏，翻觉城廓冷。市声和烟色皆是城外南市的繁华景象描写，聚集十万家几十万人口的城市，哪能分辨出单家独户；两江交汇，一分为三，车水马龙一片繁荣，尽管不像别的地方那样有城有廓，反觉那样必然没有汉口这样热闹繁华。

第三节　筑堤兴市　汉口繁盛

一、武汉的制约

武汉地处中国东部的腹心位置，与北京、上海、广州和重庆的距离，大致相等。是高速铁路、高速公路、高速水路和航空、电讯的集聚中心，古往今来，都是国家的战略重地。诸如“九省通衢”、“全国四聚”和“全国四大名镇”等金字招牌，史不绝书；近代又成为与上海、天津、香港比肩的大城市，中国内地最大的城市等称谓，也从未间断。

武汉从盘龙城遗址算起，有3500年历史，与郑州同为中国最早诞生的城市。几千年来，武汉促进发展的推动因素和抑制发展的制约因素，同样十分明显，武汉始终不能登峰造极，也从未没落消失，都是这个特点的必然结果。中国最早的史书《尚书·禹贡》中，将武汉定位为“东迤北会于汇”，虽只六字，却道明几千年武汉长盛不衰的真谛。上海是江海之汇，香港是珠江与南海之汇，天津是海河与渤海之汇，东京是日本海陆交汇，纽约是哈得逊河与大西洋之汇，伦敦是欧洲大陆与大西洋交汇……可以说古今中外，凡属城市无不确立于汇的结果。而武汉是长江和汉江之汇，是大西北、大西南、大中南和大华东四大区域的总汇；而且通过“浮于江、沱、潜、汉，逾于洛，达于河”，还要汇及黄河、淮河流域，扩及九州的整个华夏。

武汉几千年的制约便是地势，地处江汉平原中部偏东，江汉平原地势由西北向东南渐次降低，最低处便是武汉，尤以中心城区最为低下。全市总面积达 8467 平方千米，海拔 200 米以上的丘陵仅为 427 平方千米，占总面积的 5%，主要分布于黄陂、新洲两区的北部。位于黄陂与大悟、孝昌交界的双峰尖，海拔 874 米，为全市的最高峰。200 米以下的平原，又以 40 米以下平原湖区为主，约占总面积的 85%；其中 30 米以下，又占平原湖区面积的 80%，如果没有堤防的防御，一旦遇到大洪水，便会造成全市 70%左右的面积顿成汪洋大海，形成灭顶之灾。全市河、湖堤防总长度 790 千米，高度普遍超过 10 米，两江大堤堤顶宽为 8 米。

武汉七个中心城区（江岸、江汉、硚口、汉阳、武昌、青山、洪山），是全省、全市地势最为低下的地区，只有珞珈山、花山、流芳之间有一片集中的丘冈地区，面积约 5 平方千米，九峰山为全市中心区最高峰，海拔 177 米。珞珈山 118 米为次高峰；其他如磨山 116 米，扁担山 102 米，龟山 91 米，蛇山 84 米。汉口的地面高程平均为 22 米，这是经过百年前填土垫高的结果，江岸区的后湖乡为海拔 19 米，比武汉的最高水位整整低了 11 米。汉阳区江堤乡是海拔 18 米，是中心城区现今最低的地区，也是今武汉市新区的范围。

武汉三镇武昌、汉阳、汉口，共同特点是地势低下，如果将百年来最高洪水位 29.73 米作为标准，大约只有 5%的地方在线上，这就是武昌的蛇山及其余脉，汉阳的龟山及扁担山、凤栖山一带，历史上武汉的城市建设，便在这两片丘冈上做文章。但这两块丘冈有如汪洋中的一片树叶，尽管丘冈不会移动，但内河适宜于停泊船只的港湾，在自然状态下，却变更频繁，位于府沦河滨的盘龙湖，本是一个优越的港湾——盘龙湾，由于泥沙淤积，使湾的套口堵塞，湾变湖，便结束了港口功能，盘龙城被遗弃，既是自然的因素，也是人为的因素之结果。位于梁子湖滨的鄂王城遗址，今属大冶市金牛镇西畈乡胡彦贵村，今武昌巡司河本可与汤逊湖、牛山湖和梁子湖相通达，又能由梁子湖、长港，在樊口与长江相通，武昌区、江夏区诸多湖泊与梁子湖一道，既是水网稠密，又是港口广袤的地区，背靠面积颇大的幕阜丘陵，是一个优越港口城市建设的理想地区，无怪楚子熊渠征杨粤来到此地，欣喜若狂，于公元前 828 年在此封三个儿子为王，完全不顾及周王朝的权威。然而汤逊湖与牛山湖间的联系通道马场咀河淤塞，如果进行人工疏通，也是不难的，先贤古人何以不想及此，以致鄂王城变成死港而遭湮灭。汉朝初年灌婴只好在今鄂州市城区之东，再建新的鄂县城，三国时孙权从公安徙都于此，改名为武昌，并在此定都做了吴国的皇帝。然而今鄂州市城区非但远离了“东迤北会于汇”的江汉汇口，而且樊口大湾也非适宜的港口，吴国孙权在武昌造了一艘可坐三千人的大船，冠名为长安，也是一时高兴，与自己手下文臣武将泛舟于江津，也是天公不作美，突然一阵大风来袭，若不是水军将领谷利机灵，指挥赶往樊口停靠，一代英豪的孙权险些葬身大江的波涛之中，后来樊口大湾也改名为败泊湾。孙权只好于魏黄初二年（221 年），在武昌蛇山之上修筑了夏口城。由于蛇山本是一个小丘冈，面积很小，不足以适应由驿诸和黄鹄湾构成的巨港夏口的需要。还在汉阳龟山和江夏区金口槐山之上，建了二座更小的江夏城和沙羡城。

在城市发展中，古代的汉口是完全不能利用的地方，因为其全境除两江河漫滩自然堤稍高外，即汉正街填高后达 28 米，其余地方概在 22 米以下。民国初年白眉初在《中华民国省区全志·第二卷湖北省志》中写道："按汉口，在明洪武时，尚属苇洲；永乐时，始建塞口寺，即今迴龙寺也；天顺时庐舍大启，人烟渐盛；成化时，汉水穿排沙口、鄂师口，直冲入江，汉皋（汉口之别名）船舶汇集，已成闹市。清初添设仁义、礼智两巡司，嗣移汉阳府之同知驻此；在乾隆之世，因九省通衢，居民填溢，商贾辐辏，已称为楚中第一繁盛地，为中国四大镇（汉口、景德、朱仙、佛山）之一；清道光间，已有外人足迹；咸丰十年（1860 年）天津条约，开为商埠，于是十里洋场，五国租界，重瀛轮舶，密集江干；光绪间，商况益繁。遂析置汉口厅，辖汉口全镇；民国以来，称夏口县。"

汉口的历史主要是明、清两代，即从 1368 年迄今，大约 600 多年，较之整个武汉 3500 年的历史，大约只 1/5的光景。这中间还经历了 1635 年、1864 年、1904 年两次堤防、一次城垣的建设，是全国最著名的堤城。汉口地势低洼，产生了众水汇聚的特点，武汉以上长江中、上游 168 万平方千米流域面积，占长江流域 180 万平方千米总流域面积的 93%；其地表径流 7392 亿立方米，占全流域总径流量 9513 亿立方米的 78%；这么多的径流汇聚于武汉，然后仅通过一条长江东下入海，武汉的安全泄流量为 6 万立方米/秒，但实际上常常出现超过安全泄量的径流，造成水灾。根据唐末至民国的 1100 余年间的记载，有较大水灾 117 次；从 1865 年汉口建水文站后，到 1949 年的 83 年间，记录了 16 年水位超过 26 米，形成水灾；也就是历史上水灾的频率是十年一遇，近代五年一遇。每次水灾之后，绝大部分建筑遭受巨大损坏，有的时候甚至是家毁人亡的灭顶之灾。汉口三个城区，不仅地势最为低洼，而且完全没有最高水位线上的地方，一旦发生水灾，如没有备用船只，那便必然葬身于波涛之中了。

地势低下，水灾频繁，历来是固定资产投资建设的禁区，更不要说城市建设了。几千年来，维系武汉发展的始终是巨大的商机，中国几近一半的国土和人民，以及由此产生的商品，以此作为集散中心，进行互通有无，发展经济贸易。东汉末年蔡邕（132—192）在《汉津赋》中写道："南缓三州，北集京都，上控陇坂，导财运货，懋迁有无。"范成大（1126—1193）在《吴船录》中写道："鹦鹉洲前南市，在城外，沿江数万家，廛闬甚盛，列肆如栉，酒垆楼栏尤壮丽，外郡未见其比，盖川广荆襄淮浙贸迁之会，货物之至者无不售，且不问多少，一日可尽。"伟大的革命先行者孙中山（1866—1925）在《建国方略之二：物质建设（实业计划）》中写道："夫武汉者，指武昌、汉阳、汉口三市而言，此点实吾人沟通大洋计划之顶水点，中国本部铁路系统之中心，而中国最重要之商业中心也，三市居民数过百万，如其稍有改进，则二三倍之，决非难事。现在汉阳已有中国最大之铁厂，而汉口亦有多数新式工业，武昌则有大纱厂。而此外汉口更为中国中部、西部之贸易中心，又为中国茶之大市场，湖北、湖南、四川、贵州四省，及河南、陕西、甘肃三省之各一部，均恃汉口以为与世界交通唯一之港，至于中国铁路，既经开发之日，则武汉将更为重要，确为世界最大都市之一矣。所以为武汉将来立计划，必须定一规模，略如纽约、伦敦之大。"正是这种商机无限的重要性，使得武汉根本不适宜城市建设的自然环境，却始终有越来越强的城市生命力。

不能建城，而又必须建城，三镇无不如此。在武昌和汉阳两南市，由于江中鹦鹉洲的消失，此后的金沙洲、白沙洲因泥沙淤积而与岸连，巡司河之上的马场咀河堵塞，驿诸由江湾港口变成内陆湖沼；黄鹄湾也由港口变成城市建设用地，作为以港立市的武昌，会否像鄂王城那样消失？或像有城无港的鄂州那样长期萧条？尽管后来武昌短暂地由于新河洲的出现，产生过武昌北市，这就是塘角，但只保持了 60 年的繁荣，自 1790 年至 1849 年，又被一场大火毁灭得荡然无存。宋元祐八年（1093 年）汉阳江面涌出了刘公洲。汉江西汉入江口形成夹江套口，形成了繁华可与对岸武昌南市相媲美的汉阳南市；刘公洲大约于宋末、元初年间渐沉于江；清乾隆三十四年（1769 年），复有沙洲涌出，初称补课洲，后改名鹦鹉洲，即今汉阳鹦鹉洲街及洲头街所在处，其间夹河除湖南湘、沅木排外，并不适宜大量商船来泊。并且这一新洲没有太长时间，也与岸连，一时间三镇没有了自己的港口，陷入几千年没有出现过的问题，即生死存亡的问题。汉口的崛起，挽救了这一危机。

二、汉口崛起

大武汉在明末清初，面临的最严峻形势，便是鹦鹉洲的消失，得洲庇护的武昌南市和汉阳南市，因港口消失，由港口勃兴的商业经济，便随之凋零。尽管汉阳后涌出补课洲，后改名新鹦鹉洲，但夹河窄狭，难以展露历史上南市的雄风；武昌北门外今三层楼处，江面涌出新河洲，导致塘角的短暂繁荣，但要恢复历史上武昌南市的繁荣，已不可能。大武汉，如何保持昔日的繁荣，便成为不可回避的问题。

《武汉历史地图集》收入最早的历史地图，是明正德十六年（1512 年）的《湖广图经志图》，在《汉阳府图》和《汉阳县图》上，前图涉及汉口的为两个地名，一是汉口巡检司，五个字跨汉江两岸，伸入汉江北岸的是“汉”字上半部；而“巡检司”三字皆标在南岸；成书于嘉靖二十五年（1545 年）朱衣的《汉阳府志·创置志》写道：“汉口镇巡检司，在（汉阳）县北三里，汉水南。”清乾隆八年（1743 年）的《大清一统志·汉阳府·关隘》：“汉口巡司，在汉阳县北，旧在汉水南岸，后在北岸。”大约在硚口附近尚有桑台河泊所，完全在汉江以北。巡检司是管理社会治安的机构，而河泊所则是管理港口事务机构。后图除保留“汉口巡检司”，在前图“桑台河泊所”处则标为“桑台”二字，但在“汉口巡检司”的左上角，标有“三沧河泊所”。由图可见，大约在明代中叶，汉江北岸已是船舶密集停泊的港区。

嘉靖二十五年（1546 年）《汉阳府志图》上，汉口虽仍处北部边缘，但从图上，出现了凤栖乡和丰乐乡，这就表明汉口有两个地名，这两地名的名称，都是人们的愿景，有凤来栖和享受丰收的快乐。估计最早来此居住者，大多是在汉江河漫滩自然堤上的高地，开荒垦殖，发展的是农业生产。明末清初《江汉览胜图》上，在江汉交会处，江南的武昌江岸，已经见不到帆船的踪影，离岸的江中飘浮着几只无帆的船舶，应是沟通二江四岸的渡船；江北的汉阳长江岸边，完全没有船舶，即便是无帆的渡船也无出现；汉江南岸汉阳一侧船只也很稀少；但汉江北岸的汉口，船帆如林，岸上屋宇也相当密集。说明港埠已集中在汉口了。

汉口的发展关键是水灾的威胁如何解除，汉口的水灾包括两江十年一遇的大水，汉口完全没有最高洪水位以上的地方，防止的办法是填高建筑物的基座，如汉正街一线，本是自然堤，地势较其他处高，再加上人工堆土加高至海拔 28 米，非百年一遇的特大水灾，可保安全。据明嘉靖四年（1525 年）汉阳县的勘测，沿汉江堤街上、下两段，共有房屋为 1281 间，仅为几千人的小市镇。由于内湖渍水，汉口是汉江、涢水、澴河、滠水等汇聚的三角洲，加上地势极低，每当长江水位很高，外江顶托，汉江等支流的水流无法宣泄时，便在此聚集，有些更低的地方，即便旱季所聚集的水量也无法流走，遂成湖泊，史称后湖。汉口地面高程由两江河漫滩自然堤向内逐渐降低，先期开发集中于自然堤上，这就是汉正街和沿江大道，只能作线性带状开发；实际上在 1525 年已达到极限。明崇祯年间（1628—1644）国家处于内忧外患状态，并非太平盛世，汉口因为人满货满为患状态，汉阳府通判袁焴于八年（1635 年）修筑了长达 10 里的后湖长堤，史称袁公堤。

袁公堤即今长堤街，主要作用是防止后湖水位升高，对汉正街一带商家后院的淹没。为汉口提供了约 4

平方千米的面积。由于汉口区位的特别优越，很快便把武昌、汉阳两镇的生意，总揽于汉口一地，形成了超常规的发展态势，成几何级数增长，很快汉口镇又成人满为患的局面。咸丰十年（1860年）天津条约汉口辟为对外通商口岸，此时也经过太平天国起义，武汉三镇成为太平军与清军反复争夺的焦点，清同治三年（1864年）汉阳郡守钟谦钧、汉阳县知县孙福海奏筑汉口堡城垣，名义上是确保汉口的防卫安全，实际上是借机扩大汉口的地域空间，以适应其发展的需要。汉口堡城墙建成后，等于又筑了一道后湖长堤，使袁公堤不再有防洪作用，便拆堤填玉带河，这就是长堤街和大、小夹街。汉口堡城建后，长堤街以北、民权路以东，中山大道（即原堡城垣）以南，大多为湖沼，不填土垫高地基便不能变成城市建设用地，城市的拓展受到极大限制。勉强就近取土，结果坑凼比墩台还要大，所以城市用地紧张，是汉口发展的最大瓶颈问题。

汉口设对外商埠后，英国兵舰于1861年11月8日至12月6日首航至汉口；1863年美国旗昌洋行“惊异号”从上海首航汉口，开辟了汉申客货航线，全年可航行5000吨级船舶，洪水期万吨级巨轮也可抵汉，汉口成为中国内河最大港口，还可江海直达，开辟至欧、美的跨洋国际航线，成为仅次于上海的我国第二大港口。汉口堡大约10平方千米的面积，已不能适应汉口经济社会发展成倍增长之需要。筑堤、填土、出口贸易，已是汉口发展的关键所在，时势造英雄，汉口出现了一位划时代的杰出人物，他正是对上述三个关键作出了贡献的人物，他就是刘歆生。

三、倾囊筑堤

1863 年汉申航线的开通，紧接着又开通了长江上游的汉宜航线，宜渝峡江航线；从汉江上溯的汉襄航线，沿湘、沅上溯的航线，以及沿鄱阳湖、巢湖水系上溯的支流航线次第开辟，汉口成为长江流域近代航运的枢纽中心。中国黄河以南的广大地区，有了近代最为优越的水上运输业，使得富饶的中国南方大地，由自给自足的农业经济转变为自由的商品经济，产生了巨大的倍增效应。“九省通衢”的汉口，利用发展的巨大商机，一时间成为国内外最为瞩目的明星。

紧接着以汉口为中心的铁路、公路运输迅猛发展，超越几千年水路运输的限制，一跃成为水陆运输的全国枢纽，汉口成为与上海、香港、天津比肩的中国四大中心城市。与上海等三个沿海城市不同的是，汉口地处中国腹地的中心，如 1865—1931 年的 67 年间，汉口对外贸易额居全国第二位达 42 年，占总年份的 63%；占第三位的达 18 年，占总年份的 27%；两者合计占总年份的 90%；只 7 年居第 4 位，没有出现低于第四位的情况。

汉口的发展，可以从人口增加的迅速得到反映。清嘉庆年间（1796—1820）汉口有36929户，129183人；清光绪三十四年（1908年）夏口厅人口为244892人，较嘉庆年间几乎增加了一倍；民国二十一年（1932年）汉口的人口为800802人，24年人口增加了3.3倍。由于商机无限，全国各地和海外商人蜂拥而来，每平方千米土地上居住着8万人口的汉口，不开辟更广阔的空间，便不能发展。与汉口隔江、隔汉相望的武昌320839人，汉阳135428人，都是人满为患的地方，向那里扩散的可能性很小。

汉口并不缺少空间，在汉江以北，长江以西，府沦河以南的汉口地区，总面积达640.9平方千米，如果全部建为城市，较之国内任何城市，都不逊色。但是汉口的全部地面，在最高洪水位以下的地势，是商机无限的汉口的最大难题。出生于今东西湖区柏泉办事处的刘歆生，小字刘祥，又名刘人祥（1875—1945），自幼被人雇佣为后湖放鸭的鸭倌，对彭拟陶的《后湖竹枝词》："淤后襄河二百年，平芜十里望无边。白云有影常垂地，青草无边欲上天"的情景，十分熟悉。汉口的发展，非打后湖的主意不可。恰在他萌发了开辟后湖来解决汉口扩大城市用地的时候，遇到张之洞（1837—1909）于1889年—1906年出任湖广总督，他在龟山北面汉江之滨填平了东月湖，建设汉阳铁厂、枪炮厂和火药厂，在武昌城外的长江之滨建设纺纱、织布、缫丝、制麻四局，了解到在武汉要找一块理想的扩土是多么艰难！刘歆生告诉他在后湖筑一道长堤，便能为汉口提供 100 余平方千米的建设用地，这使他们俩一拍即合！然而筑堤要花费巨额的资金，钱从哪里来？

原来刘歆生曾是鸭倌、牛倌和挤奶工，他的祖父、父亲信了教，在教堂打工，他也信了教，经常到教堂，与法籍神甫十分投缘，从神甫那里学了法语和英语。神甫先推荐他充当法商太左瑜洋行任写字兼跑街，不久又经神甫介绍，到法商立兴洋行和法商东方汇理银行汉口分店、分行任买办。他抓住上海各洋行需购大量白芝麻和牛皮的机会，亲自跑到白芝麻和牛皮产地的襄樊，收购了大量货物，船运到上海，大赚了 50 万两白银，这第一桶金他悉数捐给张之洞，占张筑后湖长堤总经费的 62.5%。所以人称张公堤的后湖长堤，实际上该称刘公堤，或者像歆生路那样命名为歆生堤，因为刘歆生捐资占总筑堤费的 60%以上。据说后来还有 10 万两白银无法凑齐，刘歆生再捐 10 万两白银，才最终得以完满成功。刘歆生实际捐出筑堤费的 75%，是历史上有记载的最大捐资公益事业者。

张公堤位于汉口的北部，略呈弧形，东北起自长江之滨的堤角，向西经岱家山、三金潭、七段村、六段村、姑嫂树、陈家湾，至汉江之滨的舵落口。1958 年围垦东西湖所筑大堤在此与张公堤相连接。全长 23.77 千米，堤面宽 8 米，平均堤高 32 米（海拔），比武汉最高洪水位 29.73 米还高出 2 米多，百余年来始终是汉口的主堤。

大堤所经之地原为湖泊沼泽地带，最低处为海拔 16 米，平均高度为海拔 22 米，堤根宽 24 米，堤外建防浪林带。堤顶原拟为川汉铁路的路基，曾铺设过路轨；后来拆掉路轨，又改造成公路，至今还在利用。大堤建成后，堤内后湖直至汉口堡城墙，即今中山大道间，全是湖塌水洼，又从堤外黄陂南部丘岗地区运土来填，起初改造为适于耕种的良田，免除了后湖常年性水灾的危害。随之汉口堡城墙拆除，改建成后城马路，后改名中山大道，汉口城区向外拓展，这中间起关键作用的又是刘歆生，这就是他于 1901 年开办的填土公司。

四、创造汉口

汉口的崛起始于明代中期，当时由于武汉长江江段，鹦鹉洲的消失，金沙洲、白沙洲和补课洲（后改名新鹦鹉洲）与岸上连接，得不到沙洲庇护，长江两岸的南市港口不能维持，大武汉繁华的商业都会路在何方？刘献廷（1648—1695）于清康熙三十年（1691 年）来汉，他在《广阳杂记》中写道：“林郭山有故城，晋建兴二年（314 年），太尉陶侃镇荆州治此，后移沙羡（今江夏区金口），此处遂废，今士人呼曰城头山。在汉口之西三十里鄂家口，人烟辐辏，百物皆见，宗夏言此地近日气象日隆，人物趋此，汉衰此其昌乎？盖上游繁盛，古说荆襄，后则团风镇，明季移于武昌，汉口之兴利在清初，今鄂家口又将继汉口而起矣。”尽管此时汉口袁公堤已修建了 56 年之久，汉口仍然只是“八码头临一带河”的小市镇，且“地势上狭下宽，形如卧帚，后无座山，故财易聚亦易散”，叶调元《汉口竹枝词》写道：“上街路少下街稠，卧帚一枝水上浮。扫得财来旋归去，几人骑鹤上扬州。”并说：“若汉口者，土不宜秫稻，不可谓沃；民不知耕织，不可谓材。频年水火，灾害并至。处斯地者，如春燕巢幕，幕撤则倾；如壁蜗吐涎，涎枯则槁。可恃乎，抑不可恃乎?”人们在此，只因为还可赚钱，特别是物资集散尚称繁华，多是临时性的作为。袁公堤内拥挤嘈杂，远非安家立命之所。鄂家口地处城头山麓，如能有汉口一样船舶来聚，一样交易好做，代替汉口也有可能。

从 1635 年至 1864 年的 229 年间，汉口只靠不到 5 平方千米的土地面积，人口由乾隆三十七年（1772 年）的 9.94 万，至嘉庆二十五年（1820 年）为 12.92 万，共 48 年人口只增加了 2.98 万，这个速度是很缓慢的，原因便是土地承载的局限。1864 年至 1908 年汉口的 44 年间，人口大约增加一倍，也不快。值得说明的是，由于汉口两江堤防未筑，十年一遇的大水灾，时有发生，而且水灾的频率还在加大，故暂时居住的流动人口很多。徐志的《汉口竹枝词》说：“石填街道土填坡，八码头临一带河。瓦屋竹楼千万户，本地人少异乡多。”叶调元《汉口竹枝调》也写道：“茶庵直上通硚口，后市前街屋似鳞。此地从来无土著，九分商贾一分民。”

要使流动人口定居下来，一是筑堤，二是填土，三是建闸坝。目的是造就永久性的建筑用地，扩大人们的生存空间。

汉口的填土工程，首先和隔江、隔汉的武昌、汉阳完全不同，因为对岸两地地势都很低洼，即需要填土者很多，但境内有山丘的存在，因此大多是开山取土，就近填筑，挖山填湖的模式延续到现在，也未完全消失；而汉口城区全为低洼之地，地面相对高程相差最大约5米～6米，概在最高洪水位以下，不填土便岁无宁日，大多是客土来填，与汉口最近的取土地便是黄陂区南部的丘冈。汉口最早开辟的对外陆上运输线路，如芦汉铁路、汉豫、汉皖公路，皆取道黄陂；即便是联系鄂北、鄂中、鄂西的公路也由黄陂至孝感，再转襄（樊）花（园）、荆（门）孝（感）、宜（昌）孝（感）等公路，一者黄陂是汉口最安全的靠山，汉口每遇水灾，灾民大多逃往黄陂，是汉口的避难所；二者近代交通，如铁路和公路，皆是填土工程的运输动脉，清光绪三十四年（1908年），汉口348平方千米的土地，以平均填高3米高程计算，约需104.4亿立方米的土量，这一天文数字的土量只有黄陂南部的丘冈方可承担。实际上，铁路与租界间的地方平均填高20英尺，合6米多。刘歆生在其购地填土修路建房中，由于摊子太大，开支浩繁，到1911年时，已积欠洋华各界款项达五百余万两，不得不把其所有地皮及建筑物，作为全省公产陆续变卖偿还债务。筑后湖长堤倾囊捐出五六十万两，还可通过生意再赚回来，但填土工程太过浩大，以平均 1 两白银填土 10 立方米，总计达 10 多亿两白银，仅依靠其个人力量，是无论如何也无法支撑的，他欠债仅五百万两白银，仅占 10 多亿两的很小比例，应该是 20 世纪初期的超人。

民国早期，将军蔡汉卿，此人辛亥革命时任过师长，后任济生公司董事长，汉口商会负责人吕超伯任该公司经理，他们用巧取豪夺的办法，趁刘歆生负债之机，落井下石，以平价或半买半送的办法，从刘歆生手中攫取了闹市区三万多平方地皮，然后转手高价卖出，大发横财。他用同样手法，胁迫既济水电公司经理宋炜臣说："湖北的事业该湖北人办理，你不答应，呈请督军下令没收，恐怕你个人也不会有好下场。"当时将军团飞扬跋扈，那才真正是剥削的大佬，腐败的瘟神。此后还有民国十二年（1923 年）湖北省当局特设汉口商场督办公署，委任汤芗铭为商场督办，将后城马路北抵铁路，东至刘园（今中山公园），西抵硚口间，原为刘歆生地皮，《1908 年汉口市与各国租界略图》标明为"清商刘万顺之自开市街地"。这些地皮被汤芗铭以水泽荒地攫为己有，建筑为马路街道，不再是刘歆生所有了。日占期间，刘歆生争下地皮财产，又遭日寇侵占，抗战胜利后，作为敌伪财产，收归国有。1945 年刘歆生结束了他传奇的一生。填土工程填出了一个汉口市，故他曾对黎元洪说："都督创造了民国，我则创造了汉口。"

在中国近代的历史上，产生了一批历史上名不见经传的城市，主宰着中国历史的发展。首先是地处长江和沿海之汇的上海，一跃成为全国经济的中心，全国最大的工商业城市；天津、香港、广州、大连、青岛、宁波等城市，次第兴起为巨埠大市。一个明显的特点，那便是腹地广阔的海港。与此同时，汉口也是与其同时崛起的城市，却并非海港，而是内河长江的最大河港。根据中华书局 1912 年陶履恭、杨文询合著的《中外地理大全》的统计，我国六大商埠贸易额如表 2：

表 2　1912 年我国六大商埠贸易额表

单位：海关两

港口名称	本国输入额	外国输入额	输出额	输出入总额
上　海	31 126 095	73 067 301	81 716 738	185 910 134
汉　口	12 122 964	40 204 778	82 704 437	135 032 179
天　津	16 892 711	47 922 251	27 442 156	102 258 118
广　州	23 759 367	25 646 119	47 765 145	96 170 631
大　连	3 670 807	27 967 552	28 885 944	60 524 303
重　庆	5 757 450	23 955 281	24 999 360	54 712 091

注：海关两为旧银制，1 两＝31.25 克。

由表 2 可见，六大埠中武汉以输出额居首位，且大于本国和外国输入额之和 53327742 两，出超达 29376695 两，这在六港中是唯一一例。这是因为汉口地处中国内陆腹地，与中国内陆各省又有便捷的交通运输，还有方便的江海直达条件，得天独厚地铸造了最大出口港的桂冠。

20 世纪初，白眉初在《中华民国省区全志・湖北省志》中专门讨论"论汉口商业繁盛之原因"，他提出三大原因，即略历、商业范围、人口密度，从清初开始至清末（1644—1911）的 267 年间，尤其是 1861 年开埠后的 50 年间，由一个小镇和地区性城市，一跃成为仅次于上海的全国第二大商业中心，除上海外，没有任何城市可以与其相媲美；汉口的发展是一种倍增效应，是 20 世纪的中国奇迹。之所以如此，是因为它有中国广大的内地作为其吸引的范围，中心与范围间有便捷而密集的水陆交通，范围内地下与地上物产丰富，应有尽有，范围需要中心，中心又必须有尽可能大的范围，汉口正是这种彼此需要的结合。中国是世界上人口最多的国家，而汉口吸引范围内，正是中国人口最稠密、数量最庞大、经济最发达、文化素养最高的地区，既为商业的发展提供最巨大的消费市场，又提供最充足的劳动大军和人才市场；蕴藏着巨大的商机，人们无论中外都趋之若鹜地涌向汉口，无论经商，还是从事工业，以及其他服务业，都能取得最大利润。

刘歆生 20 岁（1895 年）左右进城，他跟从神甫学习法语和英语，然后由神甫推荐，先后在法商太左瑜洋行任写字和跑街，1899年到法商立兴洋行任买办，1902年又兼任法商东方汇理银行汉口分行买办。法商到汉口开办洋行和银行，首要目的是要赚取高额的利润，赚钱的手法无非是掠夺中国的资源和占领其本国生产的商品市场。刘歆生学得市场经营的一套本领，然后自己开办汇通钱庄、刘万顺牛皮行、刘万顺土产商店（后改名东方转运公司），进行初期的资本积累。1902年他到襄樊产地收购大量白芝麻，转运到上海向各洋行出售，一次便盈利50万两。既为洋行服务，自己又兴办企业，如汉口普润毛革厂、汉口榨油厂、汉口三镇电话公司，还创办了湖北阳新炭山湾煤矿、江西铜矿等，实际上形成多元连锁经营态势，将盈利的资金投入填土公司，获得大量建设用地地皮，向市场出售，赚得更大利润。

白眉初在《湖北省志》中写道："论汉口为将来大工业地"一节，说道："工业之新起，必恃乎原料、劳力、燃料三者，有充分之供给焉，汉口对于三端，莫不物丰而价廉。工业之兴起必在乎交通机关之中心地点，汉口则水陆枢纽，蔚然东方之芝加哥。非特此也，离汉口而言他埠，若上海、若广州，其土产物之来集，非直接取之于原产地，系辗转于商人之手，而始来集，是土产已一变而为商品，则其价又昂；若汉口则异乎此，各种土产，每由生产者送集焉，尚为土产，而非商品，其物价仅较生产原价微高，若然，是汉口者，为坐购原价大宗土货之唯一之中心枢纽场所也。故就实质上观察之，汉口非仅为全国商业中心地，亦全国工业之中心地也。”刘歆生以商为主，兼营工业，将汉口商业中心、工业中心结合起来，正像他的商号名称“刘万顺”一样，成为汉口的首富。

芝麻出口贸易是他淘得第一桶金的行业，他将其做到极致，光绪二十九年（1903年）经汉口出口仅为五十一万担，民国元年（1912年）达一百九十一万担，十年间增加近4倍。芝麻、茶叶和皮革都是汉口出口的头三把交椅的货物，他三居其二，并且还自办汉口榨油厂和普润毛革厂，连加工增值也一起置于自己的手下。最不同寻常的是他创办汉口三镇电话公司，利用信息来控制武汉的市场。汉口中外商人云集，市场竞争异常激烈，要想在汉口市场上，占据重要地位，是十分困难的。创办电话公司，直至今天也有重要地位。刘歆生商界生涯中，遇到三大天敌，这就是蔡汉卿、汤芗铭和日伪，好在他的背后还有立兴洋行和东方汇理银行的保护，他的地皮庄号概为立兴地庄。尽管他深陷填土公司陷阱而不能自拔。但他上自皇经堂，下达岱家山，西至后湖大堤，直到铁路两侧的汉口中心区地皮，只因建筑市场低迷而不能出手，倘若不然，他创造汉口的宏愿，便能实现。

刘歆生（1875—1945）是个历史人物，评价他当然要用历史的眼光。他出身贫苦，祖孙三代皆是雇农雇工，他的祖父和父亲皆是教会雇工，他本人先被人雇为放群鸭的鸭倌，后被人雇为放牛娃和挤奶工，按照毛泽东《湖南农民运动考察报告》划分的成分，他出身贫雇农，是天生的革命阶级。他自始至终没有进过学堂门，而深得法籍神甫的喜欢，他学得法语和英语两门外国语，居然当上了法商太左瑜洋行的写字兼跑街，一个进城的农民工，并不满足于苦力活，从洋行学得了工商管理专业的知识和技能，跃上了法商立兴洋行和东方汇理银行的出口买办。时下一些人在外国公司觅得一份工作，很为自己自豪，出现了不少假洋鬼子，据说某在华外国企业，对雇佣的中国农民工，进行残酷的剥削与压迫，中国政府准备予以调查进行维权声援，结果发现最惨无人道的剥削与压迫，竟然是一些假洋鬼子所为，不得不煞然停手。

这里典型例证是汉口跑马场事件，本来刘歆生充任法商洋行买办，又是汉口的地皮大王，1902 年英、法、德、俄等六国兴办“六国马场”，由于法人皮尔斯是第二任董事长，当然得到刘歆生的支持，包括为其提供地皮，但马场建起后，这些外国人却与上海外滩黄浦公园竖起牌额为“华人与狗不得入内”字样，禁止华人入内参与。刘歆生愤然邀集华商，集资在今同济医学院兴建华商体育运动会，也称华商跑马场，与六国马场在相同时间举行赛马会，由于六国马场参加人数很少，远非华商马场繁荣，取得了对外商的胜利。说明他尽管在洋行干事，但他的中国人情结还是很浓的，绝不做数典忘祖的卖国勾当。

第二个例证便是他淘第一桶金的事件，即他做白芝麻的转口贸易生意。像这类一本万利的生意，本是外国人在汉口这个冒险家乐园进行商贸垄断，哪里容得中国人染指其间。刘歆生以一个初任洋行买办的身份，他的收购资本很可能是向汇理银行借的款，他用外国人的“一本”，赚得的“万利”50万两白银，捐资给张之洞兴筑后湖长堤，这种报国的赤子之情，恐怕在中国历史上很难找到与之相媲美的对象。

第三个例证便是填土公司了。他的远见卓识，精明能干，从很少的历史记载中，是没有人能否认的，数以十亿两白银计的填土造地，本应是政府出面的国家行为，在汉口的发展中却让刘歆生个人承担如此的重担。地皮大王手中的地皮，正是一本万利的最诱人商品，像蔡汉卿、汤芗铭、日寇等贪官污吏，为了从刘歆生手里攫取尽可能多的地皮，而肆意将刘歆生的地皮，统统说成是不义之财，比如后湖无主或有主土地的掠取，本是官府执法的裁定，将此项罪名推到刘歆生的头上，便是不分青红皂白；将有协议的地皮，收归国有，尤其是将日寇掠取的私人财产，趁机收归国有，更是一种极其黑暗的腐败行为。如果政府能补贴基建资金，断断不会使其最后的完全破产。

刘歆生逝世于1945年，正是抗战胜利的时候，此后又紧接着是解放战争，一手创造汉口的刘歆生，一生功过无人评说。新中国成立后，直到党的十一届三中全会以前的30年间，由于受到“左”的影响，顶着地主成分的帽子；1952年著名教育家中华大学校长的陈时，被判12年徒刑，竟然于1953年死在狱中，1984年8月3日才平反昭雪；著名的爱国工商界人士贺衡夫，竟被指控为“三反五反”运动的“大老虎”，被捕入狱；刘歆生在新中国近六十年历史中，被视为盘剥汉口百姓的地皮大王，是剥削阶级的头号人物，还被定性为帝国主义侵略中国的帮凶爪牙。以他的名字命名的歆生路改名为江汉路，命名的刘家花园改名为中山公园，虽然这些事情皆发生在新中国成立前，但他为创建汉口所作的不朽贡献，也没有哪怕一句评说的表示。

当山西投巨资弘扬晋商时，当安徽倾力打造徽商辉煌时，当闽商走向世界时……可是地处我国腹地的汉口，汉商们为中国建造了一个仅次于上海的第二大商都，而晋商的发源地山西晋中，徽商发源地皖南，却连一个像样的中等城市也没有打造出来！两相比较，难道不使人浮想联翩吗？尤其是他将武汉的发展，如汉口地区的命堤，倾囊捐资修筑，又将自己一生的奋斗所得贡献给汉口的填土工程，终于使武汉几千年发展始终不能解决的既不受水淹，又有充裕的发展空间问题得到解决。他的秘诀便是发展汉口的出口贸易，做一本万利的大买卖，赚取尽可能多的利润，然后投入巨大的填土工程，建造适于城市建设的地皮，通过地皮生意，进行城市经营，使汉口的发展产生倍增效应，创造 20 世纪之交时期的汉口发展奇迹。如果是政府官员，说明他决策科学，施政有方，自然值得肯定，今天学术界非常推崇张之洞，便是这个道理。但作为一个商人的刘歆生，起码是张之洞建设武汉的财力支持之一，即便是张之洞推行洋务运动，向法、比借用大量贷款，刘歆生买办的中间作用，也是不能忽视的。

第四章 与时俱进 屹立九州的商都武汉

第一节 苦心经营 商都渐现

一、近代（1860—1936）武汉商都发展

中国近代史是从1840年鸦片战争，至1949年中华人民共和国成立这一历史阶段。1861年以前，武汉是中国内地物资集散中心，因为武汉是中国两条通航条件最好的长江和汉江的交汇地。长江和其主要支流皆有很好的通航条件，如岷江、嘉陵江、沅江、湘江、赣江、信江等，但除沅江跨了省界，是贵州省东部对外运输通道外；湘江上游虽有灵渠，号称湘桂运河，但两千多年来并未起航运作用，因此上述五条支流皆为省域通航河道。汉江干流，尤其是通航河段跨越湖北和陕西两省，而汉中历史上是大西北通往祖国腹地三大通道之一的南道枢纽，由于汉中以下汉江水运，较之北道——今包兰—京包，和中道陇海铁路的纯陆路运输优越，因此成为大西北物资运输最主要的通道。加之，汉江支流唐河和白河，帆船通航条件也很好，使河南西部和陕北、山西的物资外运被吸引过来，这样汉江航运的吸引范围便包括

西北五省区、华北山西、中南的河南、湖北，在中国除长江外，没有其他任何河流可以与其相比拟。长江与通航支流会合口，如宜宾、重庆、岳阳、九江等，虽然也是水运枢纽，但无一可与武汉相比，因此，武汉有“九省通衢”、“全国商业四聚”之美称。

鸦片战争后，资本主义列强蜂拥而来，对中国进行掠夺和侵略，与以往不同的是，侵略和掠夺的手法，完全翻新，如租地通商，在汉口便辟有英、俄、法、德、日五国租界，占据汉口最繁华的江汉路以东，中山大道以南的街区；租界内辟有综合性质的巨型商业机构洋行，最盛时（1931 年）达 250 余户，欧美资本主义主要国家皆在汉设立洋行，一是它到产区采购原材料，运回本国或世界市场供其所需；二是将已经工业化的本国商品运来武汉，供应汉口市场销售的需要；三是在汉建起加工制造业，其产品就地销售，由于中国劳工工资成本低廉，加之原料、材料由产区供给，工业占地的土地成本聊胜于无，因此可以做到价廉物美，生意十分火爆，获利巨大。在汉设立外资银行，19 世纪 80 年代，外资在汉银行及办事机构达 40 多家，其中如汇丰、麦加利和道胜银行位居前三位，当时武汉要崛起没有资本的运作，是很难起步的，尽管外资银行借贷利率很高，而且政治倾向明显，但金融市场仍很繁荣，获利十分丰厚。外资轮船公司几乎垄断了长江流域的航运业，特别是外国人又控制着中国的海关，这就使外国的对华贸易和中国的对外贸易，都被其掌控，而武汉恰恰是中国内地最大市场所在地，因此，也就成为外国商人注目中心，成为冒险家乐园。

外资在武汉暴利经商所获，当然主要都流入其国内，但在武汉也是一目了然的，汉口的五国租界面积约占当时汉口面积的一半，大约和当时英国的利物浦、法国马赛相当；高楼大厦绝不比欧美国家城市逊色，堂堂中国武汉成为外商渔利的大本营。一些爱国的中国官员和工商人员，提出了为中国繁荣富强而留利于中国。光绪十六年（1890 年）张之洞为创办织布局给清廷的奏折中说道："奏略：窃以购办机器设局织布，开中国自有之利源，杜外洋历年之巨耗，因时制宜，事不可缓。"光绪二十四年（1898 年）为在汉口设立商场局的奏章中说："中国地大物博，百货浩穰，果能就地取材，讲求制造，自可以暗塞漏卮，不致利归外溢。钦此仰见，朝廷通商，惠工、阜财、利民之至意，查商务乃今日要政，上海为沿海总汇；汉口为上游要冲，铁路枢纽，自应分设两局，除上海一局由两江督臣刘坤一委员开办外，兹于汉口设立商务局，以鼓舞联络上游，川陕、河南、云贵、湘粤等处工商为要义，其商学、商报、商会及讲求制作，商货销路等事，江楚两局各自筹办，遇有应行联络通贯，或有互相协助之处，随时知照互商办理，虽分为两局，仍联为一气。"

商务印书馆于民国十年（1921 年）刊成的《湖北通

志·新政·实业志》是一个实现武汉商业都会的完整方案，共由五大部分组成，包括农业、制造业、商业、重工业和交通运输业组成。农业放在首位是因为武汉及其周围地区，农业是主导的产业，又是自给性最强的非商品性落后产业，不改造不行，因为农民贫困也就是湖北和中国贫困，而贫困的湖北和中国是不能孕育商都的发展，不能促进武汉的繁华，因此，实业从农业开始，农业兴则商业兴，则国家富。湖北的农业经历了数千年的发展，司马迁在《货殖列传》中写道："谚曰：'百里不贩樵，千里不贩籴。'"中国的省、县行政体制，长期延续的根据便是交易不超过百里，贸易不超过千里，也就是县和省的范围，而商都的形成和发展需要的是没有距离限制，要的是"天高任鸟飞，海阔凭鱼跃"的环境，怎样突破农业的封闭性和落后性，这是煞费苦心的。当时选择了蚕桑局作为突破口，并且将种桑、养蚕、缫丝、织绸一条龙产业链尽量延展，蚕桑既然已使浙苏两省致富，湖北条件更好，当然也可致富。经济作物和产业一体化的中间环节，便是建立农务总会，即将商品的生产与市场间的服务系统建立并完善起来，形成既有人生产，也有人收购，还有人销售，农业商品化便可指日可待。仅有上述两节还不行，还要有农业技术的试验与推广，因此建立农业试验场和林业试验场。20 世纪之末，已经实践过的解决"三农"问题的历史，未能得到继承和发扬，是十分可惜的事情。湖北成为仅次于苏、浙、川、粤的第五大蚕桑基地，汉绣成为著名手工艺品，并一度垄断了全国的戏剧服装业。

武汉因是全国交通枢纽和商业中心，大多原材料都是未加工产品，没有产生增值的效应，国外的商人冒险家将其收购起来，运回国内加工成商品，再运回武汉销售；或就在武汉加工制造成商品，就地销售，这样便可赚取巨额的利润。19 世纪末至 20 世纪初期，仅官办便有十六厂，以纺织为主，织布、纺织、缫丝、制麻四局外，还有制皮、毡呢二厂，使武汉成为我国仅次于上海的第二大纺织基地，由于属劳动密集型企业，武汉具有得天独厚的优越条件，这些一直是武汉经营最好的行业，也是发展重工业的资金来源，其兴旺繁荣一直保持到 20 世纪 80 年代；水泥和官砖等建筑材料工业，属第二大行业，三镇百余年城市建设和房地产开发，有了物质基础；日用商品制造业有针钉厂、手工善技厂和贫民大工厂等三厂，不仅能满足市民对日用品的需求，还解决了市民的就业压力；其他制造业包括造纸、火柴、樟脑、水电和简易机器制造等厂，都是适销对路商品的生产。由于武汉制造业的发展，武汉市场上的商品不再是舶来品（进口）和外地品的天下，而是汉货的销售，大大改变了利源外溢的问题。

与此同时，外资制造业企业 22 家，民营制造业企业 60 余家，合计达 88 家，在全国仅次于上海，形成了工商结合的态势，大多工业家也同时是商家。这还不包括商家的前店后厂形式，因此，在武汉形成了一批富豪，其资产达百万元、千万元，甚至亿万元。直到1936年达到顶峰。76年城市化与工业化的发展，成就巨大，有许多经验值得借鉴。

围绕商业是武汉近代城市发展的特色。近代时期的商业与今天有很大的不同，首先，商业是从商品的原料生产、加工、运输、销售、金融的一条龙构成，商业是第一、二、三、四产业的核心，资本主义社会称之商品经济或市场经济。清光绪二十四年（1898年），湖广总督张之洞奏明在汉口地方设立商务总局，以启发商智，联络商情为要义，并将商报、商会等事，由该局次第提倡举办。经朝廷批准，上海与汉口于1898年同时成立商务局，这是我国最早建立的官方商业机构。随后于1900年设立商场局；1899年成立武昌商务总会，1907年成立汉口商务总会，1903年成立两湖劝业场，1909年设立武汉劝业奖进会和商品陈列馆，1907年大清银行汉口分行、1909年交通银行汉口分行相继建立。第二，商品的增值，不仅是营业利润，还包括由原材料转变为商品，即加工增值；还有由生产地到原料地和消费地的最合理运输距离，即运输成本支出最小所产生的增值；还有商品从生产者到消费者的整个流程中的人力成本和土地成本的最小支出所产生的增值。第三，商品的价廉物美，销售的流畅，减少商品出手时间，减少的银行利息支出所形成的增值等。武汉作为中国内地的商都，追求的是一种聚合型的效益，建设成集商工贸运于一体的全国性中心城市。

商都的塑造莫过于汉阳炼铁厂的兴建，武汉所在的鄂东南地区蕴藏有丰富的金属矿产，大冶铜绿山古矿冶遗址早在3000多年前，开始铜铁矿的开采和冶炼，然而在积弱百年之时，建造举世瞩目的近代巨型钢铁联合企业，目的是富国强兵的需要，一是建造起中国的先进军火工业，汉阳枪炮厂与汉阳炼铁厂一体建设，实行统一的工序流程，便是最好证明；二是替代进口的需要，以武汉为中心，兴建芦汉、粤汉、川汉三条干线铁路，由于我国未有路轨制造工业，将近4000千米的路轨不得不完全依赖进口，建设汉阳炼铁厂就可以替代进口，节省巨额的外汇支出，其意义的巨大不言而喻；三是冶金工业是机器制造工业的基础，而机器制造又是近代工业的核心，没有近代冶金工业，也就不可能有近代机器的制造，依赖进口，不仅要耗费十分巨大的外汇支出，还要满足列强附加的政治、经济、文化要求，对国家的繁荣富强是个巨大威胁。为了汉阳铁厂的建设一是要弄清资源，尤其是燃料资源的蕴藏状况，还有枪炮厂所需的硝矿资源状况，光绪三十一年（1905年）设立矿政调查局，宣统元年（1909年）又建硝矿总局。表面上，围绕汉阳炼铁厂的重工业建设，似乎与商业无关，但由于替代进口，实现富国强兵，又能形成巨大的商业利益，特别是湖北缺乏煤炭资源，围绕煤炭形成跨省的资源供给，形成鄂、赣、湘经济一体化的雏形。

武汉19世纪下半叶至20世纪初，在全国所有城市中，没有任何城市，在水运中心的基础上，又大规模地建设陆上运输的中心，芦汉、粤汉、川汉三条以武汉为中心的铁路建设，同时提上议事日程，尽管后来川汉铁路未建成，但是我国东西大动脉长江干流航线，与南北运输大动脉京广铁路，在武汉实现交汇，形成全国的水陆交通运输中心，这一壮举造就了一个巨型商都，武汉不仅是湖北的首位城市，还是中国中西部的首位城市，诸如四大名镇、全国四聚、九省通衢等桂冠，都不足以表现武汉的繁华兴旺，它的聚集与辐射范围几乎涵盖了中国的所有省、区、市，中国最大工商都会已初现曙光。

1937年卢沟桥事变，日本帝国主义向中国发动大规模侵略战争，使武汉功亏一篑，尤其是1938年武汉沦陷，近代以76年的时间好不容易地建起汉阳炼铁厂西迁重庆，纺织工业内迁西安，一些大型商业企业也纷纷迁往内地。1945年抗日战争胜利后，又经过四年解放战争，武汉未能恢复到战前的水平。新中国成立后的前三十年，充分利用沿海的原有基础，大力建设内地，武汉既不是沿海，也不是内地；尤其是三线建设期间，不少国家建设项目从武汉身边溜走；改革开放后，党和国家实施的东部大开放、西部大开发、东北老工业基地振兴三大战略，武汉皆置身在外，凭借自己的优势，和原有基础的发挥，仍能维持住中、西部首位城市的地位，城市综合实力进入全国前十位之列，为全国第五大商都。上述排名既是中部地区唯一，也是中国中西部唯一的记录！

进入21世纪，首先是武汉由于中心位置优势的客观存在，成为国家基础设施现代化建设的重心，尤以交通运输和信息通讯的中心枢纽建设十分突出，长江流域内河航运已居世界首位，京广和沪蓉高速铁路、京珠和沪蓉两高速公路，武汉天河空港已是我国内地最大空港；武汉已是全国干线交织的内地最大信息港，执全国交通和流通的中心枢纽地位，突显了武汉长盛不衰的发展优势；第二，武汉科教文优势明显，武汉现有两院院士55人，除中国科学院和中国工程院的所在地北京外，在京外所有城市中，武汉名列前茅；武汉高校在校生数亦为全国最多的城市。国务院批准武汉城市圈为资源节约型和环境友好型综合试验区，正是基于武汉的科教文优势突出，经济社会发展把“好”字放到首位，着重在高科技产业发展上；第三，武汉发展现代社会服务业条件优越。以武汉为中心的城市圈，以资源节约型和环境友好型，这两型社会建设试验区，正好以现代高科技产业和现代服务业来实现产业转型，千里之行，始于足下，武汉将会确立又一个百年繁荣。

二、第五大商都

根据《2010年中国城市统计年鉴》，在“社会消费品零售总额”栏目下，中国前十位商业都会中，武汉仅次于北京、上海、广州、深圳；位列武汉之后，依次为天津、南京、重庆、杭州和沈阳。这十大城市皆为商业都会，其中8个位于中国东部沿海地区。中国广袤的内陆地区，仅武汉和重庆位列其中，分列第五位和第八位。而另一个反映商业经济的指标，即“限额以上批发零售贸易业商品销售总额”中，武汉在前十位城市中居第九位，仅次于北京、上海、广州、天津、杭州、沈阳、深圳和南京。中西部唯一直辖市重庆较武汉也有一定差距。所以，中西部地区商业的最大都会，无疑是武汉独领了。

居社会消费品零售总额前四位商都之中，北京是首都，具有无可替代的首都效应，在我国实施有计划的商品经济体制条件下，它代替旧中国两大商业都会上海和天津，集政治、经济、文化中心于一体，在零售和批发两大指标中，皆位列首位，武汉当然不能望其项背。上海自鸦片战争辟为对外通商口岸后，一直是中国半封建、半殖民地社会引领商业这只大船的领头羊；新中国成立后的前30年，是中国社会主义计划经济的经济中心；改革开放后，曾有一段时间落在珠江三角洲的后面，但邓小平同志南行讲话后，上海成为中国改革开放的样板，集政策优惠和地域优势于一体，其发展再度成为举世瞩目的中国经济中心，发展的强劲，举国无双；广州和深圳皆是我国改革开放的领头羊——珠江三角洲的两大中心城市，且在广州举办中国出口商品交易会（广交会）已达50周年，是中央政策培育的国家商都，达到第三大商都业绩，理所当然；深圳毗邻香港，又是我国进出口总额居于首位的大商港，港澳居民购买大陆商品，大陆居民购买进口商品，皆以深圳为首选地，深圳这种得天独厚的地位和首批四个经济特区氛围，都是全国所有城市望尘莫及的。

居于武汉之后的天津、南京、重庆、杭州和沈阳，两个为中央直辖市；两个为长江三角洲与上海并列的另外两角，沪宁杭是进入21世纪中国最耀眼的三个明星城市；振兴东北老工业基地战略实施后，沈阳是受惠这一战略的集中体现。在中国十大商业都会城市中，迄今只第五大都会的武汉，无论是前30年的计划经济体制年代，还是近30年有计划的市场经济体制时代，是唯一没有受到政策优惠的，在外部也没有给予任何扶持的情况下，完全凭借自身的优势，跻身前五的地位的城市。八百多年前，范成大（1126—1193）在《吴船录》中写道："鹦鹉洲前南市，在（夏口，今武汉市武昌）城外，沿江数万家，廛闬甚盛，列肆如栉，酒垆楼栏尤壮丽，外郡未见其比，盖川广荆襄淮浙贸迁之会，货物之至者无不售，且不问多少，一日可尽。"八百多年过去了，"一日可尽"的特点依旧。

"货到武汉活"和"货到武汉尽"，这显示了三千多年的武汉特色。东汉末年蔡邕（132—192）将其写入其著作《汉津赋》，他写道：“（夏口）南援三洲，北集京都，上控陇坂，导财运货，懋（贸）迁有无。”几近2000年来，由于地处长江和汉江交会之处，成为我国腹部地区水陆交通运输中心。孙中山（1866—1925）在《建国方略之二：物质建设（实业计划）》中写道：“武汉者，指武昌、汉阳、汉口三市而言，此点实吾人沟通大洋计划之顶水点，中国本部铁路系统之中心，而中国最重要之商业中心也。”他的笔下武汉是深居内陆腹地的海港，直到今天中国十大商都中，上海、广州、深圳、天津四个海港，北京、杭州、沈阳、南京四个距海很近的沿海地区城市，只武汉例外，不是海港，胜似海港，置之内地，连起码的优惠都没有，而跻身前五位！时至今天按八个方位，水、铁、公、空的中心只有武汉，全国三十二个省、自治区和直辖市的中心城市，与武汉之间起码有一种以上直达交通可以通达，这种“买全国”和“卖全国”的态势，正是武汉的优势所在，也是武汉商都的内在品质。

我国商都的产生和形成，皆经历了一个历史过程，如近千年来便经历了四大商业名镇、全国商业四聚和全国商业三都。全国商业四大名镇，包括河南朱仙镇、江西景德镇、广东佛山镇和湖北汉口镇。史志作品多有提及，但由于人们不明白湖北武汉市的三镇之一的汉口，古今大不相同，最早的汉口出现于南北朝时期的《梁书·萧衍传》：“筑汉口城以守鲁山”，萧衍（464—549）

为梁的开国皇帝，史称梁武帝，当时的汉口城在汉江南岸，约当今汉江二桥南桥头的梅子山，筑城的目的是围堵今汉阳的龟山，汉江原有一支从此至凤栖山汉阳城南纪门外注入长江，即今汉阳腰路堤路中段，与武昌巡司河口鲇鱼套隔江相对，唐、宋时期港口贸易十分繁荣，唐代诗人韩渥（844—约 914）在《过汉口》诗中写道："浊世清名一概休，古今翻覆剩堪愁；年年春浪来巫峡，日日残阳过沔州。居杂商徒成富庶，地多词客自风流；联翩半世腾腾过，不在渔船即酒楼。"元代诗人吴湛在《汉口》一诗中写道："雄镇曾闻夏口名，河山百战未全更；竞流汉水趋江水，夹岸吴城对楚城。十里帆樯依市立，万家灯火彻宵明；梁园思客偏多感，直北苍茫是汴京。"

之所以要写两个汉口，是因为许多史志作者，只根据今天的汉口来写汉口，因此将中国四大商业名镇写为明、清时期，比如《辞海》中写道："朱仙镇，在河南省开封县西南境。南宋绍兴十年（1140 年）岳飞大败金兵于郾城，乘胜进军至此。元代贾鲁河开通后，货运至此转陆运到达开封，商业繁盛，明清时与景德、佛山、汉口合称四大镇。有岳王庙等古迹。"这一词条，将朱仙镇与贾鲁河联系本身便是错误的，朱仙镇是隋代大运河的航运中心，隋代大运河原是楚汉时的鸿沟，后称汴河，今名惠济河，是属涡河水系，元代开凿的贾鲁河属沙河水系。金朝明昌五年（1194 年）黄河决口，便循隋代大运河，经涡河夺淮注入黄海。朱仙镇成为黄泛区，已经没有了水运，也就没有了商业的繁荣。马正林、黄盛璋、陈桥驿在《中国自然地理（历史自然地理）》中写道：“北宋灭亡以后，汴河也就迅速淤塞不通了。1169 年（南宋孝宗乾道五年），楼玥出使金国，就其亲眼所见，灵壁‘汴水断流’，亳州‘河益湮塞，几与岸平’，河底已成为陆行大道，并开辟农田和盖有房屋，昔日那种舳舻相接的繁荣景象，已完全被荒凉的村落所代替。”李润田也在《中国六大古都》中写道：“由于金、元以来，黄河不断在开封附近决口改道，开封所受黄河水患十分严重。小灾几乎年年都有，大灾隔不了几年就是一次。冲毁房屋，淹没庄稼，给人民生命财产造成很大危害。”所以我们认为，四大镇应指宋代。清时期的著名学者、史志专家刘献廷（1648—1695），他出生于顺天（今北京市）大兴；19 岁南游，隐于苏州洞庭山；康熙三十年（1691 年）来到武汉；他入馆修《明史》，并参与编修《一统志》，性喜游历，治地理学。他在《广阳杂记》中写道：“汉口不特为楚省咽喉，而云贵、四川、湖南、广西、陕西、河南、江西之货，皆于此焉转输，虽欲不雄天下，不可得也。天下有四聚，北则京师，南则佛山，东则苏州，西则汉口；然东海之滨，苏州而外，更有芜湖、扬州、江宁（今南京）、杭州以分其势，西则惟汉口耳。”如果明、清时期有四大名镇之说，他断然不会只字未提，而特地提出“天下四聚”。非但如此，江西省景德镇，原名新平，因在昌江南岸，后改名昌南，宋景德年间（1004—1007）改景德镇，也只在宋代最为繁荣。1949年后由浮梁县改名为景德镇市。

刘献廷《广阳杂记》中特地指出四聚中，“然东海之滨，苏州而外，更有芜湖、扬州、江宁、杭州以分其势，西则惟汉口耳。”将苏州为首的长江三角洲商业的群体发展，与汉口的单一发展进行比较，是很有意义的，比如2005年我国地区生产总值超过2000亿元的十大城市中，上海（1）、杭州（7）、南京（9）属长江三角洲；北京（2）、天津（5）属海河三角洲；深圳（3）、广州（4）、佛山（6）、东莞（10）属珠江三角洲；只武汉（8）是单独一个城市。说明刘献廷以后的300多年，中国城市的基本格局没有改变，即三群一点依然如故。如果再加上16个1000亿—1999亿元的城市，东部地区有17个超1000亿元的城市，西部地区3个，东北地区5个，中部地区唯独武汉1个。

在我国九大商都中，北京居首位，这是因为它具有首都的优势，而且时达700余年，集政治、经济、文化于一体的中心地位十分突出，其商业的吸引和辐射范围广及全国，又有发达便利的铁、公、空组成的立体交通；天津也是我国四个直辖市之一，既是海河流域庞大水系的汇合点，又是著名的海港商埠，长期以来是我国北方最大工商业城市和交通运输枢纽，商业批发销售额居全国第四位，零售额居全国第6位；北京和天津合称京津，构成当代中国北方的商都。上海地处我国沿海航线和长江航线的汇合口，自近代以来，不仅夺取了长江三角洲的中心地位，而且也成为全国的经济中心；上海还与南京、杭州构成一个鼎足三立的沪宁杭，其间包括一个太湖流域，苏州、无锡和宁波构成一个强大的城市群，是中国最繁华的城市群。珠江三角洲的广州、深圳、佛山和东莞加上香港、澳门两个特别行政区，显然要超过长江三角洲。

武汉是湖北，也是中部地区唯一的中心城市，区位优势明显。区位优势在今天是很容易识别的，只要互相一比较，便可一清二楚。历史上只能是自然的传承。如河南的省域中心由洛阳到开封，再到郑州的移徙过程，经历了漫长的历史过程，洛阳最为繁盛的是隋唐时期，至宋代衰落；开封最繁盛时期为北宋，金、元至鸦片战争逐渐衰落，衰落时期从1126年至1840年长达700多年，比之其繁荣时期160多年，要长4倍多。开封其实早已没有了省域中心城市的中心度了。只是在河南境内，还找不到可以替代的城市。新中国成立后河南省省会由开封迁到郑州，已有60多年了。郑州依地区生产总值仅比省内居第二位的洛阳高出1.73倍，是中部地区六省中，首次位差距最小的省份。安徽的中心城市，历史上由于淮河南、北水灾十分严重，经济受到极大破坏，中心城市一直在皖西一角的安庆，然安庆缺乏对全省的控制和吸引，1949 年省会由安庆移徙到合肥，但合肥按地区生产总值仅比省内居第二位的马鞍山高出 2.15 倍，是中部地区六省中，首次差仅比河南略大的省份。江西、湖南和山西三省，南昌、长沙和太原皆是传统的省域中心城市，赣江、湘江和汾河皆是省域内最大河流，三市皆依靠三大河流吸引和辐射流域范围，无法达于其他流域的范围，中心度虽有，但不太大，如南昌是九江的 3.43 倍，长沙是岳阳的 3.24 倍，太原是大同的 2.60 倍，与武汉无法相提并论。

武汉由武昌、汉口和汉阳三部分组成，历史上称为武汉三镇，三镇合为一个统一的武汉市是近现代的事情。1927 年 1 月 1 日至同年 7 月 15 日定武汉三镇为中华民国首都；1949 年 5 月 16 日三镇解放，正式成立包括三镇的武汉市人民政府。但是，三镇自诞生后，一直是不可分割的孪生关系，唐章怀太子李贤在《括地志》中写道：“汉水始欲出大江为夏口，又为沔口，夏口实在江北，孙权于江南筑城，依山傍江，对岸则入沔津，故名。以夏口亦为沙羡县治，至唐置鄂州，而夏口之名移于江南，沔水入江之口，止谓之沔口，或谓之汉口。夏口之名遂与汉口对立，分据江之南北矣。”三镇互名现象极为少见。按水北山南为阳的命名规律，今天的汉口应为汉阳，历史上汉口分据汉阳城的南北，汉阳城南纪门外的汉口，早在唐宋时期，曾是全国最大的港口，盛极一时；汉阳城原在汉江入江口之北，明代成化年间

(1465—1587)汉江入江口自然裁弯取直后，于今口入江，原来的命名系统保留，以致混乱不清，许多史志专家都分辨不清，屡屡发生错误。

武汉三镇鼎立三足并水乳交融为一体，依行政区划来看，虽还不到一百年的时间，但从3500年前诞生盘龙城直至今天，在长达几千年的历史时期，从来没有真正分开过。整个长江中下游，自宜昌至镇江间，长逾1600千米，在中国历史上走着一条曲折漫长的道路，地处中下游中间的今武汉，无疑有最优越的区位条件——长江和汉江之汇，但地势低下卑湿，即便是今天的武汉市，包括了黄陂、新洲、蔡甸和江夏四个远郊区，地面高程在最高洪水位（29.73米）以上的丘冈面积，只占全市总面积的5%；七个城区中汉口三区，无尺寸之地在此之上；武昌、汉阳等四区，也只有几个孤立的山丘，成岛状地散布在水面之上，如果不是区位优势特别突出，商机无限的巨大吸引，怎么会在如此低洼的沼泽之上，建起一座超大型的城市！黄陂南部的丘冈、蔡甸、江夏的孤丘，甚至还远至云梦和鄂州，在以武汉为中心的约70千米范围内，都尝试过建立大城的举措，最后在蛇山、龟山、凤栖山三个小山包上，建起了城市的基础，由于城的狭小，不得不走城与市分离的道路，其媒介便是黄鹤楼、晴川阁和南纪楼的三楼经济，高官大吏、富贾巨商、游逸士绅在三楼享受游乐，管理监督、磋商生意，形成特有的风景。

南北朝时齐王（简栖）在《头陀夺碑》中的“信楚都之胜地”；宋陆游（1125—1210）于乾道六年（1170年）在《入蜀记》中的“市邑雄富，列肆繁错，城外南市亦数里，虽钱塘（南宋都城，今杭州）、建康（南宋故都，今南京）不能过，隐然一大都会也”；范成大（1126—1193）在《吴船录》中也写道：“外郡未见其比，盖川广荆襄淮浙贸迁之会，货物之至者无不售，且不问多少，一日可尽”；白眉初于1922年由商务印书馆出版的《中华民国省区全志·湖北省志》中写道：“（汉口）于是富冠一世之长江门户洞开，外国商船驰骋上下，汉口遂得乘机遘会，崛起为中国第二巨埠。及至甲午战罢，重庆开场；庚子乱后，长沙、岳阳辟埠，更得以航驶于三湘、三峡之间，而汉口发展，乃益不可遏。”历史上武汉商业繁盛，记载的是武昌和汉阳两南市，至清末，武汉的繁荣说的是汉口，但三镇随港口的移徙而迁移，其原因皆是居中国腹地之冲要，大交通、大流通孕育巨大的商机，从无改变。三镇的关系是武昌政治文化，汉口商业贸易，汉阳游憩居住，形成水乳交融的关系；清末张之洞在产业布局上，规划为武昌加工制造业，汉阳装备制造业，汉口商贸物流业，共同塑造中国最大的工商港口城市！在20世纪与21世纪之交的今天，美国《未来学家》杂志1999年6—7月号上，发表了麦金利、康韦的《未来的大城市》，应用三大前提、十个必备条件和特有观点，在全球范围内选择了十个世界未来最大城市，前四位是印度班加罗尔、中国武汉、土耳其伊斯坦布尔和中国上海，武汉的最大点是："由于地处中部要冲，拥有高技术产业以及数十所大学和技术学院，武汉有很大的机会。"

改革开放以来，湖南欲按武汉三镇模式，将长沙、株洲、湘潭合而为一，塑造成湖南的"武汉三镇"。武汉三镇融为一体的过程有三千年之久，并有共同的地域优劣势，还有共同的发展过程。长株潭融合迄今不到三十年，而且武汉三镇融洽过程是单一中心过程，在区域发展上，因为无法带动周围城市的发展，形成巨大的城际和城乡差异，至今无法完全克服，希望长株潭不要重蹈武汉三镇的覆辙！

中部六省中，除湖北以及山西（煤炭资源优势）外，其余四省皆与东部地区毗邻，从地缘优势而言，四省当然优于湖北。东部沿海地区经历了改革开放三十多年的发展，由于工资成本、技术成本和原材料、燃料成本的增加，尤其是煤、油、电、劳、运的瓶颈制约，日显严重，纷纷实施产业升级，急欲将一些初级产业转移到中西部地区，中部地区与其毗邻的四省，便是实施这种转移的近水楼台。四省近年超常规发展，皆与此有关。但通过一段时间，内迁企业也有更高的要求，投资环境竞争力更好的武汉，脱颖而出。工业企业要求投资环境竞争力强，以便获得更大利润。

人们从中部地区可以客观地划出一个以武汉为中心，

以300—350千米为半径的城市圈，中部地区超300亿元地区生产总值的10个城市中，只太原（3位）和马鞍山（10位）不在圈上，其余长沙（2）、郑州（4）、南昌（5）、合肥（6）、洛阳（7）、襄樊（8）、宜昌（9）7市皆在圈上，这个圈的中心非武汉莫属。如果不是武汉的吸引，何以会聚集于以武汉为中心的圈上!? 我国有10个超2000亿元生产总值的超大型城市，上海、北京、深圳、广州、天津、佛山、杭州、武汉、南京和东莞，恰恰又组成了以武汉为中心，以1000千米为半径的半圆。说上述九大城市受到武汉的吸引，是很难让人信服的，位次在武汉之前的城市，怎会自己受人吸引；即便是南京和东莞虽排位于武汉之后，但实力上差距甚微，也断断不会受到武汉的吸引。但空间规律很奇怪，武汉在中部地区独领风骚，是客观现实；全国九大城市皆与武汉有密切联系，2008年南方雪灾，阻断了深圳、广州、佛山、东莞四市与武汉的交通和电力联系，立即导致了影响全国的全局震荡！从1949年迄今，或者从改革开放以来的30年间，在国家宏观战略上，武汉从未与优先扶持结缘，也没有特别的资源可资开发，却能挤入十大城市之列，这是为什么？美国学者麦金利·康伟不青睐纽约、东京、伦敦、巴黎，也不看好中国的沿海耀眼明星城市上海、深圳、广州和“四小”中的香港、新加坡，唯独看好印度的班加罗尔和中国的武汉？我以为回答正是武汉的面纱，是客观的空间经济规律还没有为人们所认识和揭开！这一层面纱正是汉商留给我们的思考。

第二节　万事俱备　商都必兴

武汉地处江汉之汇，构筑了国家交通运输枢纽的中心地位。几千年来，中国由于地域辽阔，受自然地带性、海陆地带性和高度地带性的综合影响，地域间的自然差异既普遍又巨大。人类为了适应这种差异环境，自古便强调因地、因时、因人制宜地发展农牧业经济，形成了三个大的地域类型，即西部和北部草原和高原，主要发展牧业；东部地区主要发展农业，但由于南北自然的巨大差异，秦岭—淮河一线以北地区发展的是旱地农业，小麦是主要粮食作物；以南地区水源条件优越，主要是水田农业，水稻是主要粮食作物。西部和北部冬半年寒冷，以热量丰富的肉食和面食为主，以皮毛作为面料服饰，以抵御严寒对人类生存所造成的威胁；广大南方有夏半年炎热的特点，以清淡的米食和鱼虾为主，以消减炎热对人类生存的不利影响。但我国又是季风气候，夏季全国同热，冬季全国同冷，只有春、秋才是规律清晰，差异表现明显的正常情况，因此中国历史上纪年历史以春秋为标志。比如南方冬季也很寒冷，皮毛衣服也同样需要；北方的夏季也很炎热，丝麻衣着不可缺少。尽管早在几千年前，我们的祖先便将因时、因地、因人制宜结合起来，按农业地域分异规律将农林牧副渔综合发展，尽管如此，没有任何地方能完全满足自己的所有需求，根据《周易·系辞下》的记载，我国农神和商神皆是神农氏，也就是说生产和交易不能分开。

我国黄河中下游的陕西、山西、河南、河北、北京、天津、山东七个省市，是黄河文明发祥地的主要分布范围，历史上由于水、旱灾害频发，粮食不能完全满足其巨大需求，尤其是首都和边防巨大的非农人口的需求不能满足，不得不依靠长江中下游的湖北、湖南、江西、安徽、江苏、浙江和上海七省市供应，形成巨大的南粮北运物流，史称漕运。正是漕运维系了中国二千余年封建王朝的统治。大运河，包括隋运河和元运河的修凿，皆是适应漕运的需要。长江与运河交汇口的扬州，是因漕运中心而崛起的城市。

其实运河开凿前和开凿后，始终存在一条重要的漕运线路，这便是汉江至西京长安和东京洛阳的漕运线路。一条是汉江至今湖北丹江口市入丹江，出紫荆关（即古代所称武关），至今陕西商州市，翻越秦岭，经蓝田，即古称蓝关，入灞河至长安；另一条是至陕西白河，入金钱河经今湖北郧西县上津镇，出漫川关，在终南山南，越秦岭至蓝关入灞河至长安；这是两条至长安的漕运线路。至洛阳漕运线是从今湖北襄樊市，入唐白河，东路沿唐河经河南社旗、方城，越伏牛山至鲁山，至伊川走伊水至洛阳；西路沿白河经南阳至南召，越伏牛山，至汝阳入伊水至洛阳。虽然中间皆有一段翻越高山的陆路运输，但却让东、西二京作为两个维持时代最久的都城，发挥了不可替代的作用。武汉作为漕运的中心枢纽，崛起为中国内地最大经济中心。

漕运是国家的专职部门，除粮食外，还包括各地贡给朝廷的各种物产。大抵是由各地汇集起来，在漕运中心整装待发，或船运或车运，由专门漕运官职员押运，有专门的船工和纤夫，运至京城或指定地点。一是漕运允许夹带少量商品，赚得的钱财充为官职员补贴，南方运往北方京城或沿路码头的商品为茶叶、丝绸、瓷器、珍珠等；返程车船皆为空载，借机承担货运买卖，以北方特产皮毛、北药等为多，故漕运线路为重要商路，驿站码头成重要商贸市镇。如河南社旗，本名赊店，既是汉江—唐河水运的终点，又是陆运的起点，由于是东京洛阳的漕运枢纽，商贸极其繁华，是豫西南的商贸中心；又如湖北郧西县上津镇，濒临金钱河，曾是通往西京长安的漕运驿站，从上津直至鄂陕边界上的漫川关，长 20 余千米，沿河店铺排列如龙舞山间，至今，当你走在麻石铺就的漫长街道上，两侧门面店房，依稀还可想见昔日的辉煌！汉江和唐白河上如郧阳、老河口、南阳、襄樊、宜城、钟祥、沙洋、泽口、岳口、仙桃、汉川、蔡甸等漕运线上的港口，大多与漕运相关而兴起。

漕运枢纽的两大中心武汉和扬州，在历史时期，一是因为都城由原来西京长安和东京洛阳占统治地位，三国以后的六朝时期，南京和杭州也加入古都之列，扬州的漕运中心地位受到削弱，元代及以后的明、清时期都城一直在北京，元代还特地开凿了直到北京的北运河，却由于海路的开通，扬州的地位再也恢复不到隋唐的盛世繁华了。武汉作为四川、云南、贵州、湖南、江西、湖北、广西、广东的漕运中心，非但没有削弱，反而因为下水漕运和上水盐运的结合，长江航线的航运被视为各个王朝的生命线，进一步得到加强，武汉的飞跃繁荣与扬州的快速衰落，形成鲜明对比。与此同时，汉江的漕运线路被改造为茶道，茶是草原民族以肉乳为主食的人们帮助消化减肥的最好饮料，西部高山牧民的酥油茶，北部草原民族的奶茶，都是不能或缺的，湖北、湖南的砖茶，以湖北蒲圻（今赤壁市）羊楼洞所产洞茶最为著名，是外蒙古、中亚和俄罗斯煮制奶茶的主料；四川沱江流域所产的沱茶，是高原民族藏民制作酥油茶的主料；砖茶和沱茶也称边茶，是游牧民族不可或缺的物资，是历代王朝不仅在经济上，也在政治上统治兄弟民族的战略物资；还有就是麻和麻织品，牧民衣着除皮毛外，就是麻织品，故茶道和麻道结合，史称茶麻古道，运输工具是骆驼和马，也称驼道。晋商靠经营茶麻古道起家，徽商靠经营淮盐运输致富，其最集中的市场便是武汉三镇。

鸦片战争后，上海、武汉、天津、香港和广州开埠，最大变化是运输工具由人工变成机动，轮船、火车、汽车和飞机作为主要运输工具，形成近代交通运输业的主体，港口和商埠结合而成港埠，上海将海运和内河运输结合，是中国最大的港埠；武汉执长江干支航线的中心枢纽而成为全国最大的河港；天津是海河和渤海航运汇聚地而成为北方最大港埠；香港和广州是珠江和南海聚结而成为南方最大港埠，大体上构成了我国当今大的空间结构格局。此前一批著名城市，由于没有近代交通或在近代交通格局上不占重要地位，则走向衰落，如湖北省内的襄樊、江陵等，历史上曾与武汉竞争省内头把交椅地位，近代时期已经不可同日而语了；如中部地区的河南开封、安徽安庆等省会中心城市下降为一般的地级市。

近百年来，武汉由于交通上处于四通八达的优越区位，商业贸易在全国，尤其是在广大的中西部地区，独占鳌头，比如自 1865—1931 年的 67 年间，武汉对外贸易居全国第二位达 42 年，第三位达 18 年，第四位仅 7 年；改革开放至今的 30 年间，商品零售额居全国第四位和第六位是个别年份，一般居第五位，是广大中西部地区最大商都。实际上 1932—1977 年的 45 年间，武汉的地位不是十分稳定，但其间数度为直辖市或特别市，也是很重要的标志。

武汉商业上的长盛不衰，究其原因当然很多，但主要的是：第一，移民城市，尤其是大商家，原籍皆是全国各地的移民，当地人也多是省内各地的移民，尤其是周围的黄（陂）孝（感）、汉（川）沔（阳，今仙桃），江（夏）鄂（州）和黄（冈）麻（城）等地的移民，原因多是灾民，大多从事苦力劳动，因此不易产生排外性，和谐共生性好；第二，买卖全国，即买全国、卖全国，铸造了武汉服务全国的商业氛围，有优越的商业环境；第三，全民共建，武汉地势低洼，全市在最高洪水位线上适于建城条件的地域面积，只占总面积的5%，绝大部分市区皆是筑堤填土而成，码头驳岸和街道所需石料，皆是盐船顺带运来，既无需付费，也不要雇佣人员搬运，都是盐商们的额外奉献，自古形成了大家的武汉大家建的遗风余韵；第四，诚信致上，比如清同治初年修筑的汉口堡城，七座城门分别命名为通济、大智、循礼、由义、居仁、便民、玉带，将诚信写在城门上。据说叶开泰国药店与省内外各城镇的国药店间，类似于今天的连锁经营；进货时只记账不付费，等卖完后再进货时清账付费；非但如此，汉口茶行将茶运到河南赊店，让驼镖行赊账运至今内蒙古自治区和今蒙古国及中亚、俄国销售后，再清账付费，赊店最盛时，人口可达二十余万，是河南最繁华的城市，这种业态已和今天的物流业类似，当时是很先进的；第五，科教发达，人们素质好，全国各地文人如织，尊师重教，许多外地文人来游汉上流寓于此。商人也能重义轻利，如黄鹤楼传说老道士在辛氏楼吃酒，主人从不索要付费，道士临去时拾起橘皮，在墙上画了仙鹤，告诉主人只要一拍手，仙鹤便会跳下，舞蹈歌唱吸引顾客，不过十年便致大富，建起了黄鹤楼。这一传说千古流传，成为商业道德的楷模，可以认为汉上商德彪炳千秋；第六，制造业发达，武汉商业与制造业得到很好结合，历史上手工业发达，许多街巷以手工作坊命名，如筷子街、打铜巷等；近代武汉是我国制造业的两个发祥地之一，武汉制造业生产的工业品，以汉货为名，行销国内外。比如一直保持的全国戏曲舞台上的乐器和服装，皆由武汉制作；武汉纺织品曾垄断了长江流域市场。

武汉商业传统，还有一个非常重要的环境因素，这是因为地形上，是江汉平原这一盆地的盆底，好的条件是众水汇集，形成向心状的水系结构和四通八达的水路交通，除一些散布在盆地里的小山丘外，人们大多以船为家，是一个著名的水城。这一特点是人们衣食住行的生活物资，不能就地供应，必须依赖外地，如粮食除湖北、湖南外，川米、豫陕面粉成为重要来源；如所穿的皮毛来自北方，丝绸来自东南；武汉由于自身建筑材料缺乏，历史上多为竹楼、木质结构为主，川、黔、湘等上游省份的木材满足了武汉的需要；武汉自古为造船业的中心，所需木材也是上游省份供应；就是夏天吃的西瓜，也由河南开封、信阳等地供应，多由陆运而来，故名车瓜；长江中游地区农业，除满足农民的自给自足外，商品农业是围绕供应武汉的需要而发展。近代以来，武汉在铸造工商业大城市的过程中，遇到的最大问题，便是燃料、原材料短缺的尴尬，能源问题是首要的大难题，武汉和湖北缺煤、少油、无气，近代洋务派第二号人物张之洞，为着解决武汉的能源问题，兴建了芦汉、粤汉两铁路，促进了江西、山西、河南三省煤炭工业的发展，连带发展了京津、河北、河南、湖北、湖南、广东等省的铁路交通，既铸造了武汉商业都会的特点，又使广袤的中国中西部，成为武汉都会的辐射和集聚范围，也就是说武汉的发展离不开中西部的支持，中西部也需要武汉这一都会的支援。一片低洼的沼泽地上，漂浮着几片孤丘，就是这个本不适于建城的地方，3500年来却诞生了一个长盛不衰的大都会，一个像谜一样充满奇迹的地方。

第三节　准确定位　商都事成

一、在中部崛起战略和两型综改试验区中的商都武汉

（一）中部的区域特点

在我国版图上，中部地区除了和东北三省隔离外，与全国其他区域，联系密切。山西在计划经济时代，是华北区的重要成员，煤炭和电力是华北供应基地；即使是当今的社会主义市场经济条件下，这种供需关系也没有丝毫减弱。安徽和江西曾经是华东区的后院，农产品和副食品的供应基地，工业原料和燃料的供应也不可稀缺。河南、湖北和湖南皆属中南地区，京汉广大通道，是全国客货运输的最大通道，说明了联系的密切性。改

革开放近 30 年来，东部的珠江三角洲、长江三角洲和环渤海地区，由于受惠于率先实施沿海的大开放战略，发展十分迅速，被誉为中国奇迹，其实与中部地区人力、财力和物力的巨大支持分不开，当这些地区在上世纪末、本世纪初，原有优势逐渐变弱，不得不启动泛区域发展，中部地区各省皆被泛了过去，河南和江西两省被两个沿海发达地区泛着。湖北虽然因为不与东部地区直接毗邻，名义上被边缘化，但位于湖北境内的巨大三峡水电，通过电网源源不断供应珠江和长江两三角洲的电力需求；位于湖北境内的中线南水北调水源区，正在加紧建设，不久将供应环渤的需求；湖北是全国最大的高校在校生的生源地，全国各省皆在武汉招聘其所需的各类人才；武汉是中、西部地区最大的商都，全国各省到武汉推销自己的商品、购买各自需要的商品；表面上没有被泛，实际上是被泛得最深的地区。

西部大开发战略实施以来，内蒙古、陕西、四川、重庆、贵州、广西六个与中部毗邻的西部省、区、市，在其发展过程中，几乎所有方面都不得不依赖中部地区的支援。首先，中部地区是西部地区与全国联系的大门，尤其是山西、河南、湖北、湖南四省，为西部地区服务是其义务，由于中、西部交界一线，是自然上的天堑，穿越这些天堑的交通线，建设起来十分艰难，迄止 1949 年包括京包、陇海和黔桂三条铁路外，只长江三峡勉强维持水路航运，西部地区闭塞落后面貌形成中，这种自然上的天堑阻隔，也是重要原因。实际上，中部还要依赖西部客货运输，但运输十分有限，还不能完全满足西部的需要。新中国成立后的60年中，建设了一系列的异常艰巨的通道工程，使西部广大地区有了打开闭塞的现代交通运输了。第二，西部地区地域辽阔，大多数地方人口稀少，一些大型工程，技术人员和劳动人口多是中部地区支援而去，据估计西部地区客籍人口不少于原籍人口，客籍人口属中部地区者居绝大多数。第三，西部地区运出的物资大多是工业原材料，而运入的物资大多为工业品，出入口大多是跨中部地区；但中部地区支援西部的物资，许多皆是自身也较稀缺的，尤其是特殊情况下，更是如此。奉献了60多年，迎来了中部崛起战略，迎来了武汉城市圈和长株潭城市群资源节约型和环境友好型综合改革试验区的发布！

近现代以来，清咸丰十年（1860年）天津条约，汉口被辟为对外通商口岸，至1936年，武汉发展了76年，成为我国内地第一大都会，在国内外产生了巨大影响，被誉为“东方芝加哥”。其间在武汉爆发了辛亥革命，从而一举结束了几千年的封建制度；如果不是蒋介石和汪精卫叛变，武汉还会成为中华民国的首都。政治中心虽然没有形成，但全国仅次于上海的第二大都会，著名的工商巨埠已然闻名于世。但1937年全面抗战后，武汉几十年建设的工商企业，纷纷内迁，汉冶萍公司汉阳铁厂内迁重庆，纺织四厂内迁西安，至于轮船公司也西上重庆，商业店铺则迁入西部的许多地方。据统计，因抗战内迁工商企业，在中东部城市中，武汉居于绝对首位。日占七年，加上解放战争，武汉的原有基础绝未恢复旧观。

1949年新中国成立后，由于帝国主义的侵略政策，我国先是执行充分利用沿海地区的原有基础，积极开展内地的建设；武汉既不是沿海，又不是内地，两不沾边；70年代，备战开展的“三线”建设，与武汉又没有关系；改革开放至今，东部大开放、西部大开发和东北老工业基地振兴三大战略的实施，也与武汉无关；76年惨淡经营所建的基础，经过70年的自我发展，至今天，在中国城市中，绝大部分指标进入全国第十位以内，在全国所有城市中，别无他例。当我们审视武汉3500年历史，长盛不衰这一特色，无论是全球，还是全国，极为少见。当然，新中国成立的60多年，改革开放的30多年间，党和国家也布局了一系列的建设项目，为武汉的发展起了极为重要的作用，只是这种作用属于普惠性，而不是特惠性，如北京的现代化，较之其历史的悠久，更显突出；比如浦东的日新月异，以及由其带动的浦西的巨变；比如广州改革开放之风气先声，以及珠江三角洲沧桑巨变；还有深圳作为四个特区之首，从一个边陲小镇变成我国第四大经济之都，吸收的外资和出口“中国制造”商品均居全国首位。与四大都会相比，因属中部地区，别的地区得不平衡发展之惠，不仅有政策的优惠，还有国家在财力、物力和人力的倾力投入，正在日新月异地发展；而武汉依然是原有体制在延续！改革开放前十年，以深圳、珠海、汕头和厦门四个经济特区，珠江三角洲和闽南为主，得到了超常规发展，而长江三角洲和全国其他地方，并没有受到改革开放优惠的惠及，尤以上海反映强烈，因为珠三角的突飞猛进与长三角的原地踏步，形成了强烈的反差，人们甚至预测，如果再照此踏步 20 年，上海会从中国或世界地图上消失。在此背景下，改革开放又一个十年，长三角快马加鞭，执中国改革开放的牛耳；接着环渤海地区也迎头赶上，东部大开放由南向北次第勃起。接着西部大开发，重庆一跃成为第四个中央直辖市，成都、西安也以崭新姿态兴起。紧接着东北老工业基地振兴战略实施，沈阳、大连、哈尔滨、长春、大庆五个国内生产总值超 1000 亿元的中心城市，仅次于长江三角洲和环渤海两个地区的六个，和粤闽琼以珠三角为代表的地区一样有五个之多；即便是西部，也有重庆、成都和西安三个超千亿元的中心城市，只中部仅武汉居全国第八位，成为九个超 2000 亿元特大中心城市的一员。

（二）武汉的个性

行商处贾，合称商贾。行商指商品运输，古代多称贩运，由于路途遥远，常有专班护卫，一般以镖行承运；我国商品运输有南船北马的区别，晋商是北方著名的马运商帮，徽商是南方著名的船运商帮。处贾也称坐商，也即商业交易场所，包括店铺、仓储，行商餐饮、住宿及其服务业，还有金融、中介、物流，构成庞大的商贸服务业体系。行商的起始和目的地皆是处贾地，也即物资集散中心，大多具有四通八达的交通枢纽位置，武汉早在宋代，汉阳南纪门外汉口，便与河南开封南的朱仙镇、江西景德镇和广东佛山镇齐名，并称全国商业四大镇。四大镇之所以说是宋代，因为北宋首都在开封，由公元960年至1126年，朱仙镇因淮河——汴河漕运而至繁荣，因靖康之乱，北宋灭亡后，南宋将首都迁南京和杭州。马正林、黄盛璋、陈桥驿在《中国自然地理·历史自然地理·运河》中写道："北宋灭亡以后，汴河也就迅速淤塞不通了，1169年（南宋孝宗乾道五年）楼阴出使金国，就其亲眼所见，灵壁汴水断流，宿州河益湮塞，几与岸平，河底已成陆行大道，并开辟农田和盖有房屋，昔日那种舳舻相接的繁荣景氛，已完全被荒凉的村落所代替。"汴河淤塞后，朱仙镇便再也没有繁荣出现。不仅于此，江西景德镇原名昌南镇，后因宋景德年间（1004—1007）出品的瓷器，其底上都写有"景德年制"字样，由于景瓷之美，故朝廷下令将昌南镇改名景德镇。许多史志文献之所以将四大镇说成是明、清时期，是因今武汉市汉口明末、清初才渐至繁荣，大多忽略了汉阳南纪门外南市，也曾以汉口命名，宋代诗人胡寅在《南纪楼》一诗中写道："平时十万户，鸳瓦百贾区；夜半车击毂，差鳞衔舳舻。"明、清时期汉口为天下商业四大聚，刘献廷（1648—1695）在《广阳杂记》中写道："汉口不特为楚省咽喉，而云、贵、四川、湖南、广西、陕西、河南、江西之货，皆于此地转输，虽欲不雄天下，不可得也。天下有四聚，北则京师，南则佛山、东则苏州、西则汉口；然东海之滨，苏州而外，更有芜湖、扬州、江宁（今南京）、杭州以分其势，西则惟汉口耳。"

"九省通衢"，由于省是元代及其以后，才作为行政区划的名称，人们将其说成自古便有的称谓，显然不对。但武汉是天下交通运输的中心枢纽，确是自古以来的说法。《书·禹贡》中的"浮于江、沱、潜、汉，逾于洛，至于南河。"《鄂君启节》铭文，"自鄂往……"分五路联络淮、河、汉、江及中游的主要支流，是黄河以南、青藏大高原以东广大地区水陆交通的枢纽。蔡邕（132—192）《汉津赋》中，"南援三州"，指汉代长江上游益州，也即《禹贡》中的梁州；长江中游的荆州和下游的扬州，按今天的行政区包括藏、滇、黔、川、渝、鄂、湘、赣、皖、苏、沪共计11个省、区、市；"北集京都"指西汉都城长安（今西安）和东汉都城洛阳；"上控陇坂"指今陕南汉中盆地和甘肃东南部。细数起来又有豫、陕、甘三省，何止"九省通衢"？

从历史的角度看，武汉因地处长江和汉江交汇处，长江流域干支流形成庞大的水路交通网络，水网所达地区条件各异，经济一向较为发达，物资交流频繁，需运者数量十分庞大，长江航运正好提供了条件，武汉正好是长江航运的中心；近代以来，轮船航运代替帆船航运，长江和其主要支流形成巨大的航运里程，汉口以下终年可航行5000吨级船舶，夏季还可航行万吨级船舶，故港口货物吞吐量是全国仅次于上海的第二大港口。现代，由于铁路、公路和航空成为重要的交通运输部门，故交通运输的中心枢纽必须是水、铁、公、空皆具，如京津、上海、广州是我国三大枢纽，北京铁、公、空的优势明显，但缺少水运条件，就近和天津结合，弥补其不足；北京、上海、广州正是我国商品零售总额位居前三位的成员。深圳无论是外毗香港，还是内联广州，不是枢纽胜似枢纽，位居全国第四位，正是合情合理。进入21世纪后，武汉水、铁、公、空现代化建设加紧建设，一小时空运，一日陆运可达全国所有省会城市，打造一个中国内地最大的交通运输枢纽，成为全国的第四极！近年来国内外大商业集团蜂拥而来，道理便是抢占中国第四极商都！

（三）武汉的特有战略

党中央和国务院实施中部崛起战略，批准武汉城市圈和长株潭城市群为资源节约型和环境友好型综合改革示范区，中部六省，特别是鄂、湘两省人民翘首以望的时刻终于到来！改革开放以来，东部大开放、西部大开发、东北老工业基地振兴三大战略，劳动密集型、资源密集型和制度改革型，共同塑造“中国制造”的“世界工厂”这一品牌，“世界工厂”本是发达国家致富的根基，20世纪下半叶开始，发达国家首先将其转移到亚洲“四小”；20世纪末年“四小”又将其转移到中国沿海和东南亚、南亚国家，“中国奇迹”和“亚洲奇迹”重复着欧美日发达国家昔日的辉煌！但发达国家和东亚“四小”转移的根本原因便是资源枯竭和环境恶化，走的是一条不归的不可持续发展道路，转移的是资源枯竭和环境恶化，他们把现代服务业和现代科技产业，掌握在自己的手中，并以此控制全球政治、经济、社会、文化、科技的发展，世界并没有因为“世界工厂”的转移而变化！但是一个浅显的道理，世界上没有任何国家，可以仅依靠自己一个国家的制造，来供应全世界的需求！即使这个国家资源再丰富，环境容量再大，也是不可能的！

中国因为人口众多，人均资源占有量向来都是很少的，30年的高速发展，消耗了相当多的资源，东部地区近年出现煤、油、电、原材料和运输的瓶颈制约，尽管由于西部大开发战略的实施，一个西煤东运、西气东输、西电东送、西原材料东供等，使这种制约有所缓解，但煤、油、电中的火电，皆是一次性的有限资源，西部尽管相当丰富，但要满足天文数字的巨大需求，能维持多久？中部崛起战略之所以迟迟出来，是因为按东部以牺牲资源和环境为代价的发展，中国能维持得下去吗？何况东部大开放，没有中部的支援，是绝对不行的。中部地区既不能按东部，也不能按西部，还不能按东北的模式发展，只能在科学发展观指导下，走可持续发展道路，即资源节约型和环境友好型的和谐发展道路。

武汉作为中部地区唯一副省级城市，科教优势和商贸优势突出，前者居全国第三位，后者（以零售总额计）居全国第五位。也即发展现代科技产业和发展现代服务业有得天独厚的优势，这是发达国家后工业化和城市化时代两大支柱，中部之所以被定位为崛起的发展战略，植根于武汉这一优势的客观存在。东部开放、西部开发、东北振兴三大战略，带动了中国工业化和城市化的初步实现，世界上的转型在全球范围进行，中国的转型则在国内进行，中部不仅要在武汉城市圈和长株潭城市群进行资源节约型和环境友好型的综合改革示范，还要通过现代科技产业和现代服务业的发展，对东、西、东北地区，在非科学发展观的情况下形成的不和谐进行改造，从而真正实现有中国特色的社会主义建设，走上可持续发展的康庄大道。

现代科技产业首先要研发高新技术，包括资源节约和零污染的技术，一是改造现有产业，二是创建新产业，三是引进国内外转移而来的企业；第二，是应用区域发展规律，实施地域空间的产业分工，武汉重点是研发基地，中试和企业应向周边 8 市扩散，中心城市退二进三，一、二产业中心空洞化，是发展的必然趋势；第三，是发展高科技服务业，为地域空间内的产业升级换代，提供服务支撑，如提供高级管理人才、高级营销人才、高级操作人才、高级售后服务人才；还有经济管理、营销、操作、售后服务等科学规范、法律的制定，武汉作为区域中心，是发布指令，实施监督管理，科学调节，使区域发展又好又快地进行。

现代服务业以商贸、金融为主，自改革开放以来，国家商贸分管负责人陈慕华、李岚清、吴仪等党和国家领导人非常重视这块，在改革开放之初就提出对内搞活，对外开放。商业部和对外经贸部，后来合并为商务部。三十年中国巨变，便是搞活开放的结果。发达国家三次产业的比例是 5∶20∶75，因此称后工业化，后城市化为服务世纪。我国与发达国家最大差距便是三次产业结构。胡锦涛在中共十七大报告中指出："强调认清社会主义初级阶段基本国情，不是要妄自菲薄、自甘落后，也不是要脱离实际，急于求成，而是要坚持把它作为推进改革、谋划发展的根本依据。"

现代服务业是在信息化条件下，应用高新技术手段，在以人为本理念指导下，构建和谐社会的基本形态，既为生产，也为生活，提供全方位的服务。由于高新技术手段应用，如电子金融、电子商务、网络化经营、网上购物、物流配送等，改变着商务的固有业态。改革开放以来，全球著名商务垄断集团纷纷落户武汉。

当我们科学地解读资源节约型和环境友好型综合改

革示范区时，不是简单地在武汉造就一批千亿元增加值的企业，在地区生产总值上尽量争取靠前的位置，比如由第八位上升到前三位，这是数量型的快发展，并没有体现又好又快，将“好”字放在第一位的两型发展。而应根据武汉的比较优势，即科教优势和商贸物流优势充分发挥出来，把现代高新技术产业和现代服务业，做好、做强、做大起来，才能使中部地区真正崛起，并带动全国实现伟大中华民族的复兴。

武汉在中部六省的城市中，几乎所有指标，皆居于首位；除财政收入一项低于重庆外，其他所有指标也居于中西部的首位，称之为中西部最大都会，应该是实至名归。还有一些指标，甚至进入全国城市的领先位置，尤以科技优势和商贸物流优势，最为突出，自古至今，是商战必争的重心，汉商聚集全国，也辐射全国，尤其是中西部。在中国商业发展历史过程中，武汉作为最大的商业市场所在地，荟萃了全国几乎所有商业集团，如晋商即武汉最大商帮之一的山陕帮，徽商即武汉的淮帮，闽商、粤商、港商、浙商、苏商、沪商、津商等皆是汉口著名商帮，因此，汉商是全国商帮的大本营；不仅如此，迄至民国初年，在武汉设总领馆的有日本、英国、比利时、美国四国，设领事署的有法国、丹麦、意大利、墨西哥、荷兰、挪威、瑞典、西班牙、奥地利九国；其实还有俄国和德国，前者因爆发“十月革命”，后者是第一次世界大战的战败国，因此撤馆署。这些领事馆署的主要功能皆是商务代表处，说明武汉在当时，已是世界性商务中心。

“昔贤整顿乾坤，缔造都从江汉起；今日交通文轨，登临不觉亚欧通。”这是张之洞为奥略楼写的门联，武汉作为中部之都，在实施中部崛起战略中，在建设资源节约型和环境友好型的武汉城市圈综合改革试验区时，高新技术产业和商贸物流业将是重点。

二、21世纪中国区域经济发展态势和武汉定位

（一）态势

改革开放以来，中国经济迅猛发展，完全打破了以往的经济格局。进入21世纪以来，在市场经济体制下，遵循市场经济规律，区域经济一体化迅猛发展，目前大致上组合为四大板块，虽未完全定型，但趋势已较明显。

（1）泛珠江三角洲的9＋2板块。以穗港澳为中心的泛珠江三角洲，包括粤、桂、琼、闽、赣、湘、黔、川、滇九省，加上香港和澳门两个特别行政区，共计11个行政单位。打破了计划经济体制下的中南、华东和西南的三大行政体制区域束缚，还在CEPA的促动下，将香港和澳门两个特别行政区组合进来，面积160多万平方千米，占全国总面积的17％；人口超过4.5亿，约占全国总人口的35％；国内生产总值占全国40％左右。已初步启动，最近还在澳门举行了9＋2会议。

（2）泛长江三角洲板块。尚未启动。以上海为中

心，除沪、苏、浙外，似乎可能包括鲁、皖、赣、闽等周边省份。面积达77万平方千米，占全国总面积的8%；人口3.8亿，占全国总人口的30%；国内生产总值约占全国1/3。

（3）泛环渤海地区板块。目前尚未启动。以京津为中心，除环渤海地区的冀、辽、鲁外，可能还会包括吉、黑、蒙、晋、豫，这10个省、市、区涵盖了华北、东北以及中南的河南、华东的山东，面积近260万平方千米，占全国总面积的1/4以上；人口4.5亿，占全国的35%；国内生产总值也达全国的1/3左右。

（4）西部大开发的10＋2＋3板块。从分析看，区域发展板块变幻莫测，但上述四大板块雏形已现，资源共享、要素组合、市场一体化等市场行为，实现效益共赢的协作，将是大势所趋。一些自以为中心的省、市，如湖北和重庆出现边缘化的趋势，是一个不可忽略的信号。如泛珠江三角洲板块，就舍掉了重庆，使以重庆为中心的长江上游经济区崩溃瓦解，出现重庆边缘化；以武汉为中心的中部地区（长江中游地区或华中地区），由于周边省在利益和发展有利的驱动下，被别的板块吸引，虚拟的“武汉中心论”尽管被武汉的学术界津津乐道，但中心区范围各省难有认同，边缘化的危险从来也没有今天这样严峻。

（二）定位

关于武汉的定位，学术界很看重下述排位，如市区非农业人口全国排位第 4，一般将此表示城市规模；又如武汉高等教育以教师数和学生数位居全国城市第 2，一般以此表示人才培养优势，认为对知识经济发展具有得天独厚的条件；再如武汉社会消费品零售额居全国第 5，普遍认为这是武汉聚集——辐射效应强的表现，在市场经济体制下，具有无可比拟的优势。加上麦金利·康韦《未来的大城市》对武汉寄予过高的期望值，于是武汉便暴露出唯我独优的氛围，一个招聘广电节目主持人的行为，却要打出“大武汉”的形象，诸此等等。

武汉在考虑定位时，一定要克服自视过高，而又实力不足的弊端。还有便是重视和客观认识合作伙伴的优势，揭示自身的不足与缺陷。21 世纪中国经济板块的重新划分与组合，还未最终形成，是否四大板块，还可能发生变异，一个很明显的根据便是区域重叠现象的客观存在。如福建和江西，重叠于泛长三角和泛珠三角之间，到底向南或向北，不确定性仍然存在，而且最近还有台海西岸经济体的酝酿；以重庆为中心，西南渝、川、黔三角也在动作；其他如内蒙古是作为西部一员，还是成为环渤海的一角，也未有定规之举；河南也有游移。一个合久必分，分久必合的局面，是区域重组的客观形势，怎样定位，是至关重要的决策。

（三）决策

中部崛起战略。中部鄂、豫、皖、赣、湘五省，界于四大板块之间，面积 84 万多平方千米，占全国总面积的8.8%；人口3亿多，占全国总人口1/4；国内生产总值占全国18%，因此是四大板块相互争取的对象，尤其是沿海三大板块发达地区争相吸引的地区。中部地区异常丰富的人力、人才资源，广阔的地域空间，待开发的潜在巨大市场，是区域板块经济最为缺乏的要素资源。中部各省由于发展不够，要实现各自的崛起，是不可能的；参与发达板块的区域一体化，只能根据发达地区的需求，保证要素的充分供给，无法形成自己全面、协调、可持续的发展。中部五省只有联合起来，通过区域一体化的运作机制，共谋区域的共同繁荣。从目前来看，河南的国内生产总值最大，煤炭、石油、天然气资源相对丰富，农产品加工业发展形成优势；但作为全国第一人口大省，人均国内生产总值偏小，在中部地区要差于湖北与湖南，稍强于江西和安徽，处于中间地位，而且淡水资源匮乏，农业的发展受其制约较严峻。江西近年接受长三角与珠三角的产业转移，外资进入迅速，超过素居中西部首位的湖北，区域外向型经济发展迅速。安徽一向与长江三角洲密不可分，包括人力、能源和农产品的供给，是长三角不可或缺需求的重要组成部分；而且水、铁、公交通发达，是长三角与国内经济联系的门户；中国科技大学落户安徽，整体上提升了全省科技教育文化的水平，与传统的徽商、徽文化结合，孕育了无限美好的前景；经济基础薄弱，目前主导产业与长三角同构现象严重，由于竞争力的空间差使其发展一直不顺。湖南的经济社会发展在中部地区仅次于湖北，由京广铁路、京珠高速公路和107、106两国道形成的岳阳、长沙、株洲、湘潭、衡阳、郴州组成的轴线经济带特色明显；长沙、常德、郴州三市卷烟工业发达，在全国仅次于云南。湖南经济发展过于依赖卷烟，而卷烟又是各省级行政区刻意保护的市场。湖南一直将长沙、株洲、湘潭三市一体化建设作为重点，试图在中部地区超过武汉。

湖北向来以中西部居首的地位自诩，但近来国内生产总值被河南、四川两省超过；人均国内生产总值被新疆、黑龙江、吉林三省区超过，中西部居首的地位已不复存在；湖北半个多世纪，始终的重点便是“一、二、三”，即黑色冶金、汽车制造和水力发电这三大主导产业，计划经济如此，市场经济依然如此，随着时代发展的因应变化很小；现在将高科技产业、医药化工、机电制造业这新三主导产业推出，惜未形成优势，尚不成气候；湖北具有经济基础较好，科技教育有优势，基础设施较为健全，有发展的潜力和一定的竞争优势。对湖北来说，客观认识自己，客观正确地认识别人，特别是中部其他四省，相互间取长补短，优势互补，以真诚信誉来取信于周边，则中部板块的形成便有希望，中部崛起战略方有实施的可能。

（四）策略

21世纪中国经济的发展，除了保持改革开放以来高速增长的态势外，党和国家已经制订了以全面、协调、可持续发展为核心的科学发展观，并提出了五个统筹的城乡、区域发展、人与自然、经济与社会、国内与国外的关系，并以中央的名义提出了中部崛起战略。这些都是肯定的态势，是 2020 年和 2050 年这两步走的总体战略思路。

第一，中心问题。区域发展一般以城市为中心。以中心城市的聚集—辐射范围为空间，以市场联系为纽带，实现资源共享、合理分工、效益共赢的区域经济一体化的目的。武汉在全国省会城市和计划单列市中的地位，从经济角度而言，居第 10 位上下位置，但在中部五省地区，却具有绝对的优势。从综合的角度看，武汉在中部地区的首位度无可争辩，历史上武汉也是中部地区的区域中心城市。1949 年后，尤其是 1952 年武汉由中央直辖市转变为省辖省会城市后，在计划经济体制下，武汉的省际和国际功能完全丧失，省内的区际功能也大为削弱；改革开放后，也曾经将以武汉为中心的中部崛起战略，作为湖北省、武汉市的总体战略，但在此后的发展中，由于对城市经济基础理论缺乏基本认识，尤其是混淆了城市的基本功能和非基本功能的科学界定，甚至本末倒置，将非基本功能当成基本功能运作，以致使其经济发展与自身相比，成绩喜人，而与横向相较，则地位滑落迅速。在全国省际，在省内地市际的地位降到最低地位，形成中部地区各省向心力低微，而离心力急剧增长的局势，因此中部崛起战略难有作为，便成定局。城市功能一般分为两种，即为城市以外地区提供商品和服务的功能，为基本功能；为市区居民提供商品和服务的功能，为非基本功能。这是上世纪上半叶由美国经济学家霍伊特（H. Hort）、安德鲁（P. B. Andrewx）和蒂鲍尔（C. M. Tieboul）在城市经济基础理论中提出的基本概念。基本经济功能由于是给市区以外地区提供商品和服务，商品增值和服务增收，由市外滚滚而来，便给城市带来倍增的乘数效应、城市经济实力可迅速聚集增长，我国沿海的上海、北京、广州、深圳、天津、杭州等沿海城市，改革开放以来迅速增长，皆是外向型经济主导的结果，是基本功能发挥的效应。非基本功能因为是给市内居民提供商品和服务，属自给性的功能，难以增值和增收，城市的发展难以加快。

第二，市场开放问题。这是区域经济一体化的前提和基础，无论是中部五省经济区，还是省内武汉城市圈的建设，没有市场公平、公正地开放，都是一句空话，尤其是中心城市的市场垄断尤为敏感。国际上，无论是欧盟，北美自由贸易区，还是东盟，都是以自由贸易和零关税为其特征。武汉市场上基本上见不到四省的商品和服务产品，而四省的市场上难觅湖北和武汉商品和服务的踪影，这种市场不开放，特别是湖北、武汉远交近攻的策略，跨越式地跑到沿海发达省市去招商引资、洽谈合作，实现互补式的发展；而与周边近邻，仅剩竞争，此举绝非良策。

第三，增长极理论，核心—边缘模式理论以及中心地理论等，都须认真思考。21世纪国际、国内经济空间布局，瞬息万变，经济全球化虚拟多年，除跨国垄断组织趋之若鹜外，但大多仍以区域经济一体化为主，使经济发展有更大的空间，以求资源、市场和智力的更大支撑，增强自身的竞争力，以保证更为有利的经济社会地位。国内四大板块的酝酿，一个共同特点是空间扩张，皆以“泛”字当头，湖北、武汉客观上存在边缘化的危险，当务之急，是认清自己的定位，进行科学决策，采取行之有效的策略，这其中以功能定位，尤其关键，把握基本功能的发展，增强区域向心力，使中部崛起战略落到实处！

附录一：温故而知新
——武汉崛起史回顾

近来偶然翻阅万有文库民国十六年（1927 年）出版的《中华民国省区全志》，该书作者白眉初，是民国初期十分著名的地理学家。其中第五篇二卷为《湖北省志》。内中专设的“第二章　通商场”，下分三节，分别为汉口（夏口县）、沙市、宜昌。汉口一市中，沿革中写道：“自元迄清末，皆属汉阳府。明于此设巡司，初在汉水南岸，后移北岸。按汉口，在明洪武时，尚属苇洲；永乐时始建塞口寺，即今迴龙寺也。天顺时，庐舍大启，人烟渐盛；成化时，汉水穿排沙口，径郭师口，直冲入江。汉皋（汉口之别名）船舶汇集，已成闹市。清初设仁义、礼智两巡司，嗣移汉阳府之同知驻此。在乾隆之世，因九省通衢，居民填溢，商贾辐辏，已成为楚中第一繁盛地，为中国四大镇（汉口、景德、朱仙、佛山）之一。清道光间，已有外人足迹；咸丰十年，天津条约，开为商埠，于是十里洋场，五国租界，重瀛轮舶，密集江干，至光绪（1875—1908），商况益繁。遂析置汉口厅，辖汉口全镇。民国以来，称夏口县。”

这一段沿革，说明三个问题：首先是汉口何时开始兴起，明代初年的洪武和永乐两个朝代，还没有迹象；天顺（1457—1464）可以定为兴起，因为“庐舍大启，人烟渐盛”，便是兴起的标志；而成化（1465—1487）时，一次偶然的自然现象，即汉江决口，“汉水穿排沙口，径郭师口，直冲入江”，却成为汉口兴起的突破口，因为此前汉江下游是河网密布的紊乱水系，东荆河、通顺河、沌水、玉带河、府河皆是汉江的分支河道，武汉原来的发展凭借的是长江的水上运输，夏口南市和汉阳南市以及后来的上下新河的塘角莫不如此，汉江水上运输作用一直未能发挥。成化年间汉江改道，形成直到今天仍然没有改变的河道，汉口借助长江和汉江两大河流交汇的水运便利，马上成为“汉皋（汉口别名）船舶汇集，已成闹市”。因此，武汉三镇形成开端于成化改道之后。1487—1644 年这 150 余年间，是汉口自我发展时期。

第二，三镇鼎足而立，可以认为是清初。“清初添设仁义、礼智两巡司，嗣移汉阳府之同知驻此”，其时今武汉地区为江南的武昌府，汉南的汉阳府，汉北的汉阳府同知（府级平行单位），三镇鼎足而立的架构已经形成。经过 92 年之后，汉口不仅是三镇的成员，而且已经较之武昌和汉阳有过之而无不及。在乾隆之世，因九省通衢，居民填溢，商贾辐辏，已成为华中第一繁盛地，为中国四大镇（汉口、景德、朱仙、佛山）之一。

在武汉城市史中，揭开了完全崭新的一页，成为全国性的区域中心城市，是三镇中领头的一员。尽管时间过去250多年了，武汉在全国的战略地位，还是由汉口在当年所奠立。

第三，武汉的第一次崛起。“清道光（1821—1850）间，已有外人足迹”，对外开放首见记载；仅十年间，到“咸丰十一年（1861年），天津条约，开为商埠，于是十里洋场，五国租界，重瀛轮舶，密集江干；至光绪（1875—1908）间，商况益繁”。长江流域首先是上海开港，时间是清道光二十二年（1842年）；接着是开放长江三口，镇江、九江、汉口，时间是清咸丰十一年（1861年），镇江和九江不足以与汉口相比拟，“于是富冠一世之长江门户洞开，外国商船，驰骋上下，汉口遂得乘时遘会，崛起为中国第二巨埠”。尽管以后，“及至甲午战罢，重庆开场；庚子乱后，长沙、岳阳辟埠，外国商船更得以航驶于三湘三峡之间，而汉口发展，乃益不可遏”。

白著在分析武汉迅速崛起的原因时，首先是其抢抓机遇。天津条约本是第二次鸦片战争英法强加给中国的不平等条约，条约中规定长江三口开放，镇江是长江与大运河的交汇地，大运河在此前中国经济社会发展中，在交通运输上的作用无与伦比；九江是鄱阳湖水系与长江的入注口，其中赣江是通过梅关与岭南沟通的一条内河航运通道，在此前的地位远胜于汉江，应该认为此三口同时开放，汉口原并无绝对优势；此后长江中、上游重庆、长沙、岳阳、沙市、宜昌先后辟为对外通商口岸，可以认为当时竞争态势异常激烈，汉口能立于不败之地位，正是抢抓机遇的结果，在长江流域除上海外，执第二巨埠之牛耳。其次是扩充范围，将长江干流沿线的川、鄂、湘、赣、皖、苏六省，汉江流域的豫、秦、陇三省，京汉—粤汉铁路沿线的京、冀、豫、鄂、湘、粤六省，全国近半壁江山扩充为自己的经济范围。白著中写道："汉口既据水陆要会，为渝沪间及湘、沅、汉、赣各江水间舟航之大都会地，又为粤汉京汉两路，及将来之（四）川汉、沙（洋）兴（安）、武（昌）南（昌）、南杭（州），南潮（州）等路之中心点，则运输之所集，将来必益进于大观。"这是交通运输的把握。进而将流通统揽起来，"试一搜考其商业范围之广，近跨汉水平原，北括豫、秦、陇省，凡黄河以南之地带，与国外为商业上之交换者，必以汉口为门户；推及西及西南东部，为四川之宝库，为滇黔之无尽藏，为湘赣之陆海，其物产光怪洋溢，莫不由长江沅资湘赣各水，以交汇于汉口；更由汉口播散国内外各种货品，以分途供给于此广大商业范围以内之地域，且此广大商业范围以内之地域，其待取之富源，尚不胜枚举，一旦充其量而开发之，则为长江全域精华总汇之汉口之商业前途，诚不能以今兹为限也”。这是流通的地域优势，汉口的崛起便是实施两通起飞之战略所致。汉口崛起便以十里洋场、五国租界为标志，成为全国第二巨港的结果。并且此商业范围之人口稠密，“合并为二万一千四百万，实占全国人数之过半，且沿江及湘赣一带之人民生活程度，已属提高，则其所需者日宏，此亦汉口商业膨胀之一绝大潜力也”。广大的商业范围，巨大的商业市场，发达的交通运输，有此比较优势，怎能不迅速的崛起！

汉口的崛起还在于由商业中心变为工业中心。白著写道：“工业之勃起，必恃乎原料、劳力、燃料三者，有充分之供给焉。汉口对于三端，莫不物丰而价廉。”“离汉口而言他埠，若上海、若广州，其土产物之来集，非直接取之于原产地，系辗转于商人之手，而始来集，是土产已一变而为商品，则其价又昂；若汉口则异乎此，各种土产，每由生产者送集焉，尚为土产，而非商品，其物价仅较生产原价微高，若然是汉口者，为坐购原价之大宗土货之唯一之中枢场所也，故就实质上观察之，汉口非仅为全国商业中心地，亦为全国工业之中心地也。”

迄至民国 14 年（1925 年）在汉口汇聚的土货，产地包括湖北、湖南、河南、四川、陕西、江西、山东、安徽、山西、贵州、云南等十多个省；土货名称有兽脂、皮油、漆油、芝麻、菜籽、黄豆、小麦、绿豆、花生、棉籽、胡桃、茶、棉花、大麻、芝麻、猪鬃、蛋、鸟毛、石膏、牛皮、铅、生山羊皮、绵羊皮、腊、锡矿、桐油等数十种，每年出口总值达 2913 万两。这些土货皆为工业原料，为了使其加工增值留利于此，先后在三镇开办了一系列加工制造业，不包括小型和手工作坊，有相当规模的机器制造业企业达 66 家，其中汉冶萍煤铁厂矿有限公司，不仅位列全国首位，也是亚洲最大的冶金业；楚兴公司包括织布、纺纱、缫丝、麻纺织四厂，在当时是仅次于上海的全国第二纺织工业基地；汉阳兵工厂是全国最大的军工企业；扬子机器厂、钮和昌和冠昌机械铁厂等机器制造企业，在全国也相当著名。三镇还有 22 家外商企业，在全国也仅次于上海，具有极其重要的地位。

白著写道："汉口为全国中心市场，附近动植矿产之丰富，甲于全国；航路扼江汉朝宗之汇，铁路据全国脊脉之枢，人密而工廉，产丰而运便，举凡工业地之要件，网弗备焉。若红茶、芝麻……各重要生产品，大半由汉口输出；如砖茶、桐油、木油……举凡工业之原料，汉口实为第一之输出市镇也。考武汉三镇，毗连区域，所设工厂，实未美备，除汉阳铁厂，已隐失自主权力之外，其灿然可观者，为徐荣庭承办之纱布两局（即楚兴公司），王光经营之扬子江机器公司（在湛家矶），于是有接踵而兴之纱场，曰第一纱厂公司，曰裕华纱厂，振寰纱厂（并在武昌），如火如荼，相继而起。然此尚未足以发扬汉口大原料市场之精英也。其故在中国人工业知识不完，集资不易，无坚忍心，而又趋避太熟（见利则趋，闻害则避），视彼西人之始终贯彻，失败不悔，沉毅精密，务底于成者，良有间也。”这一段话概括，对武汉的比较优势之潜力，论述精切；对不利因素之分析，也能入木三分，即便到今天，也有很大参考意义。

附录二：汉派文化源流

清代中叶汉阳诸生徐远志，在《汉口竹枝词》中写道："石填街道土填坡，八码头临一带河；瓦屋竹楼千万户，本乡人少异乡多。"叶调元也在《汉口竹枝词》中写道："茶庵直上通硚口，后市前街屋似鳞；此地从来无土著，九分商贾一分民。"这两首词起码可以说明汉口繁华，商业和交通运输十分发达；还说明汉口的人口来自全国各地，当地原籍居民却十分稀少；也说明从事商业运输业者都来自外地，当地居民大多为外来人口服务。

其实，历史上武昌和汉阳也早已如此。武昌和汉阳因为地势低洼，常被水淹，常住人口不多。如汉元始二年（公元2年）江夏郡人口为219216人，而当时江夏郡约与今天武汉城市圈的8＋1市域相当，今武昌和汉阳均包括在内；唐天宝元年（742年）鄂州江夏郡人口为84563人，此时江夏郡仅包括今武汉、咸宁、鄂州、黄石四市。740年过去了，人口并没有增长。明代（1368—1644）武昌府人口508657人，汉阳府人口32917人，汉阳府包括今武汉市江北除新洲区外8区。当然，历史上的户口因与缴纳的赋税挂钩，因此这些人口当然不包括流动人口。比如《三国志·吴书·吴主传》："（建安）十三年（208 年）春，权复征黄祖……虏其男女数万口。"《梁书·武帝纪》明确记载齐末夏口有"将佐文武男女口十余万人"，其时夏口户籍人口大约 1 万余人，而客籍人口多达 10 余万人，达到 1∶10 的规模。

北宋乐史（930—1007）在《太平寰宇记》中，记载鄂州［含江夏（今武汉市武昌、洪山、青山、江夏四区）、武昌（今鄂州市）、蒲圻（今赤壁市）、嘉鱼、崇阳、永安（今咸安区）、永兴（今阳新县）、通山、大冶（含今黄石市四城区和大冶市）］太平兴国（975—983）"皇朝户为主一万四百七十，客一万五千一十四"。主客比为 41∶59。汉阳包括今武汉市长江以北七区和汉川市，"皇朝户为主一千四百三十九，客二千二百八十"。主客比为 39∶61。但唐代诗人腾安在《上鄂渚大雪》中写道，"鹦鹉洲边家十万，晓来都在水晶宫"；宋代诗人胡寅在《南纪楼》一诗中，写汉阳为"平时十万户，鸳瓦百贾区；夜半车击毂，差鳞衔舳舻"。唐宋时期无论是夏口，还是隔江的汉阳，仅商家皆超过十万户，以一户五人计算，阳夏二镇合计人口当在百万以上。可见户籍人口是实际人口的很小比例，即便如此，主客比例也大致为 4∶6，以客为主。

上面是平常时期，一遇战争，武汉还是难民积聚的避难中心，尤其是武昌，借助长江天堑的庇护，更是如此。如郦道元在《水经注》中写道："江水东径大军山南。……右则涂水注之，水出江州武昌郡武昌县泰山，西北流，径汝南侨郡故城南，咸和（东晋成帝司马衍年号，326—334）中，寇难南逼，户口南渡，因置斯郡，治于涂口（今江夏区金口镇），玺水历县西，又西北流注于江。”汝南今在河南省驻马店市东北 30 千米。《南齐书·州郡》有：“荆州所立绥安郡民户，参入此境，郡治常在夏口左右，欲资此郡助江滨戍防。”这些北方难民许多皆永久留居下来，形成后世的土著户籍人口。

另据黄缙《武昌大洪山崇宁万寿寺记》：“宋末，随数被兵。（大）洪山又当其要害，为南北必争之地。边境之民既多流散，丛林之下，亦无以安。荆湖制置使孟公珙，随人也。与都统张公顺谋迁尊众适于乐郊。乃度地于兹山清云庵，兴自随捧佛足及累朝所颁告敕，从寺额侨置焉，乃奉请赐今名曰崇宁万寿寺……”洪山原本是夏口黄鹤山，又名黄鹄山，自此改名为洪山。由于是省会所在地脊梁，被誉为湖北的首山，全省聚会之所命名为洪山大礼堂，武汉市最著名的城市广场被命名为洪山广场，省委、省人大、省政府和省政协所在道路为洪山路，全省著名的宾馆为洪山宾馆；武汉市七城区之一被命名为洪山区，其实洪山并不在洪山区范围。崇宁万寿禅寺于明成化改名为宝通禅寺，迄今成为武汉最古老的佛寺。今武昌洪山一带大多原著民皆宋代迁徙而来的随人后裔。

除了战争移民外，水灾移民也很多，除了本省的江汉平原外，黄河、淮河的水灾移民也不在少数。其原因是武汉及其周围地区，历史上人口数量小，人口密度低，虽然也是水灾多发地区，但只集中在夏秋，冬春季节还可保证一季春收，可以维持相当的人口承载能力；还因为武汉商业贸易繁荣，水陆运输发达，需要大量的劳动人口，以满足市面的需求；也还因为历史上武汉手工业十分发达，近代工业是全国的两大发源地之一，低廉的劳动成本当然以灾民最为合适。总之，武汉的灾民是流动人口的重要组成部分。

武汉三镇由于商业的吸引和辐射范围遍及黄河以南的广大地区，这一范围内商业人士流寓在三镇，极为普遍。比如著名的晋商和徽商，分别以茶叶、食盐为主。武汉是中国最大的茶市，尤其是砖茶，全部产自湖广两省，是我国北方游牧民族和俄罗斯及中亚各国的必需品，由晋商以贩运形式维持其贸易。这个以马帮维持茶叶贸易之路便以武汉为起点。徽商垄断淮盐的运输和销售，湖广是淮盐的主要销售地。武汉是淮盐集散的最大中心，由于三镇地势低平，如武昌和汉阳两南市的码头和街道，所用青石板（片麻岩），由盐船按一定比例运来，供应其所需。武汉与扬州间的运输十分繁忙，除盐运销外，还有粮食、竹木、药材、纺织品等，武汉也是全国最大集散市场和运输枢纽。

地方文化多源于风俗习惯。所谓汉派文化，以会汇为特色，尤以汉口最具表率。清《汉阳县志》写道：

“夏口厅，夏口五方杂处……服食华侈，汉口独盛，则以商贾辐辏，杂有吴越川广之风焉。”《湖北通志》也写道：“湖北镇市以汉口为最大，居奇贸化之贾，比廛而居，转输搬运者肩相摩，踵相接，五湖九州之物，殊形异状，来自远方者，旁溢露积，上自硚口，下至接官厅一十五里，灶突重沓，嘈杂之声，夜分未清；滨江舳舻相引数十里，帆樯林立，舟中为市。盖十府一州商贾所需于外部之物，与外部所需于湖北者，无不取给于此，繁盛极矣。”《湖北通志·检存稿》写道：“按汉镇自中外互市以来，习俗亦靡阛阓，多仿西氏服饰，宴会务为豪侈，歌馆舞台、茶寮酒肆之闲冶，游者车水马龙，昼夜无有止息。”武昌因是省会城市，繁华已不如汉口，但文化底蕴深厚。《湖北通志》写道：“江邑当省会冲，租税所入不足备一年之储，仰给者皆湖南、沔汉所输运，复岭巨浸，种稑町畦十不三四，有田者不躬耕置产，难而弃业，易拙于封殖，敦于诗书，耻于武备，习于仁柔。其廛肆牙侩，鱼米市魁。土木技艺，卜筮阴阳。率多外籍。”这里说明省会武昌，与汉口的商业文化难有相同之处，也与汉阳朴素的农渔文化大相径庭，而是“敦于诗书，耻于武备”，市面上商业手工业和卜筮阴阳等第三产业，又为外籍人口所掌握。接下来写道“自昔军兴，士民鲜存，西北辟地者萃焉，东南趋利者凑焉，五方杂寓，家自为俗；而田里小民务农力本”。汉阳繁华不如汉口，文明不如武昌，但也自有特点，

《湖北通志》写道："地狭民贫，然先贤名儒，往往宦游其邦，流风余韵有存焉者。……人物科名之盛甲于三楚。士大夫学古高蹈，虽贫乏亦志儒业，耻他途。民朴而知礼让，非耕而渔，罕营商贩，妇女市居多事剪裁，乡居惟纺绩，但喜巫崇佛，负性使气，乃其故习然耳。"

从三镇风俗的上述引文，首先可见武汉文化极富开放性，五方杂处，还是西人率先入居，不仅荟萃了吴越川广的文化风貌，还吸收了大量西方生活方式，文化内涵，所以武汉绝不是单纯的荆楚文化，而是全国性、国际性文化的融洽，是一种和北京的京派文化、上海的海派文化比肩的会汇文化；第二，武汉是一个移民为主的城市，原籍少而移民多，古今皆一样，形成类似于港澳和四个最早实行开放的特区一样，可以统称为移民性城市文化，南腔北调，东风西韵和谐荟萃；第三，没有特色正是特色，许多人抱怨武汉没有特色，如冰城哈尔滨、春城昆明、古都长安、花城广州、蓉城成都、天堂杭州、泉城济南等，全国和世界许多城市，地域特色和文化形象，特色明显，而武汉五方杂处，但古往今来，没有过任何的族群、种姓、地域间的矛盾存在，五方人士到武汉便立即融洽进来，和谐相处，有如一家，形成特有的和谐文化特点。

附录三：民风“重义轻利”与商都

武汉自古商机无限，市场繁荣，但却未产生名商大贾的富豪！不仅如此，本地人虽然身居商海之中，并不崇尚商贾之业。比如《湖北通志·风俗》说：“江夏县（即今武汉市武昌），敦于诗书，耻于武备，习于仁柔，其廛肆牙侩、鱼米市魁、土木技艺、卜筮阴阳，率多外籍。自昔军兴，士民鲜存，西北避地者萃焉，东南趋利者凑焉，五方杂寓，家自为俗，而田里小民务农力本。”“汉阳县，士大夫学古高蹈，虽贫乏亦志儒业，耻他途，民朴而知礼让，非耕则渔，罕营商贩。”“夏口厅（即今武汉市汉口），夏口五方杂处……服食华侈，汉口独盛，则以商贾辐辏，杂有吴越川广之风焉。”

重义轻利市风传统，要从“俞伯牙摔琴谢知音”说起。从《鄂君启节》铭文可知，战国时武汉便是货通九州，汇理天下的大商都了，钟子期既是满腹经纶，风流倜傥的文人，若是为官，也可光宗耀祖；再是从商，也可发财致富；但他却视名利为粪土，竟然以龟山樵夫砍柴来奉养双亲。由于他避雨于室壁之下，欣赏到俞伯牙所演奏的高雅琴乐，发出赞叹之声，为伯牙出现，由于他对琴瑟的渊博知识和对琴曲的深切理解，从而与上大夫的伯牙结下了永远的知音。这则民间文学作品，在武汉流传了两千多年，至今还家喻户晓，老少传颂。

黎少岑在《武汉今昔谈》一书中，转引了《报恩录》："黄鹤楼原为辛氏楼，辛氏市酒山头，有道士数皆饮，辛不索资，道士临别，取橘皮画鹤于壁，曰：客至拍手引之，鹤当飞舞侑觞。遂致富。十年，道士复至，取所佩铁笛数弄，须臾，白云自空飞来，鹤亦下舞，道士乘鹤去，辛氏即其地建楼曰辛氏楼。"这便是武汉城市名片黄鹤楼的来历。

龟蛇锁大江，这是武汉的地域名片。一者因龟山正好位于三镇的中心；二者龟山正好处在长江与汉江交会处；三者武汉人重义轻利的秉性，因此龟山更显重要。龟山亦名鲁山，李吉甫（758—814）在《元和郡县图志》中写道："鲁山，一名大别山，在县东北一百步。其山前枕蜀（长）江，北带汉水，山上有吴将鲁肃神祠。"其实吴国将领多曾在龟山征战，何以独独选择鲁肃作为山神，立祠祭祀？龟山原称大别山，古名翼际山，俗名龟山，这些名称颇为著名，却独以鲁山一名来命名汉阳、汉口为鲁口。何以如此？正因为鲁肃是古代重义轻利的代表人物，武汉人找到了一位符合自己秉性偶像来加以崇尚。陈寿（233—297）在《三国志·吴书·鲁肃传》中写道："（鲁肃）家富于财，性好施与。尔时天下已乱，肃不治家事，大散财货，標卖田地，以赈穷幣结士为务，甚得乡邑欢心。"在孙吴众多将帅之中，重义轻利者没有可与鲁肃相比拟的第二人。鲁肃与周瑜相交情谊并不逊于刘关张的义结金兰。陈寿写道：“周瑜为居巢长，将数百人故过侯肃，并求资粮。肃家有两囷米，各三千斛，肃乃指一斛与周瑜，瑜亦知其奇也，遂相亲结，定侨、礼之分。”斛是古代计量单位，以十斗为一斛，略与旧时石（担）相当。一个初交的朋友，一次便以三万斤米相给予，加之宏图大略，对孙权的忠诚，胜过诸葛亮对刘备之忠，并且最早提出刘、孙联合，共同抗衡曹操，他是三国格局形成的总设计师！这样的人物如同龟山一样，作为天下胜景，以作永恒纪念。

不仅如此，蛇山原名鹄山。郦道元在《水经注》中写道：“《水经》曰：‘江水又东径鲁山南。’……江之右岸，有船官浦，历黄鹄矶西而南矣。直鹦鹉洲之下尾，江水溠曰洑浦，是曰黄军浦。昔吴将黄盖军师所屯，故浦得其名，亦商舟之所会矣。船官浦东，即黄鹄山，林间甚美，谯郡戴仲若野服居之，山下谓之黄鹄岸，岸下有湾，目之为鹄湾。鹄山东北对夏口城，魏黄初二年，孙权所筑也。”由此可知，蛇山本名鹄山，鹄即天鹅，也称鹤，应是白色，如鹄发即白发。鹄山、鹄湾、鹄矶后来皆改为黄姓，都因黄盖军师所屯而命名。

黄盖是我命名的夏口之战的最大功臣。陈寿在《三国志·吴书·周传》中写道：“（周）瑜部将黄盖曰：‘今寇众我寡，难与持久。然观操军船舰首尾相接，可烧而走也。’乃取蒙冲斗舰数十艘，实以薪草，膏油灌其中，裹以帷幕，上建牙旗，先书报曹公，欺以欲降。又预备走舸，各系大船后，因引次俱前。曹公军吏士皆延颈观望，指言盖降。时风盛猛，悉延烧岸上营落。顷之，烟炎张天，人马烧溺死者甚众，军遂败退，还保南郡。”这应该是一战定乾坤的丰碑，黄盖是夏口之战的最大赢家！《三国志·吴书·黄盖传》写道：“诸山越不宾，有寇难之县，辄用盖为守长。”之所以如此，《黄盖传》写道：“盖姿貌严毅，善于养众，每所征讨，士卒皆为争先。”又说：“盖当官决断，事无留滞，国人思之。”《吴书》也说：“又图画盖形，四时祠祭。”如此重义轻利的历史楷模，是故蛇山一名，包括山名、矶名、湾名统改黄姓，连雪白的天鹅也变成黄色了。

孙吴主要地域范围在长江中、下游和东南沿海，以水军称雄，陆机（261—303）在《辨亡论》中将吴国主要将领分为三个档次，他写道：“于是张昭为师傅，周瑜、陆公（逊）、鲁肃、吕蒙之畴人为腹心，出作股肱；甘宁、凌统、程普、贺齐、朱桓、朱然之徒奋其威；韩当、潘璋、黄盖、蒋钦、周泰之属宣其力。”黄盖排名居第十三位，何以武汉作为都会的首山，要以他的姓氏命名呢？我们说武汉人重义轻利的性格，最高境界便是身先士卒，置个人生死于不顾。《吴书》中写道：“赤壁之役，盖为流矢所中，时寒堕水，为吴军人所得，不知其盖也，置厕床中，盖自强以一声呼韩当，当闻之，曰：‘此公覆声也。’向之垂涕，解易其衣，遂以得生。”

历史的不公，陈寿写《三国志·吴书》将黄盖献计，实施火攻，亲自完善其行动，以及蒙骗曹操，实施假降等，皆应是黄盖的功劳，确保夏口之战的胜利，但却放在《周瑜传》中，算到了周瑜身上；罗贯中写《三国演义》，将火攻算到了诸葛亮和周瑜身上，所谓“万事俱备，只欠东风”，通过“孔明借东风”，连周瑜的功劳也被窃夺。武汉人独独打这一抱不平，将鹄山、鹄矶、鹄湾统统改姓了黄，要知道这山、矶、湾是永久的坚碑，是任何人也是改变不了的。

重义轻利的武汉，极重气节。《南齐书·张冲传》说肖衍攻夏口、鲁山，城中虽然“死者相积，竟无反叛”。《北齐书·本传》说北齐慕容俨守夏口半年，城外浴血，城内断食，但“人无异志”。《陈书·本传》陈孙玚守夏口，士卒不满千人，北周来攻，“士卒皆为之用命”等，都说明武汉人重义轻利的秉性，即便是身家性命，也在所不惜！这样的秉性与商人的重利轻义行业风气，格格不入。《隋书·地理志下》总述中写道：“自晋民南迁之后，南郡（今江陵）、襄阳，皆为重镇，四方凑会，故益多衣冠之绪，稍尚礼义经籍焉。九江襟带所在，江夏、竟陵、安陆，各置名州，为藩镇重寄，人物乃与诸郡不同。大抵荆州率敬鬼，尤重祠祀之事，昔屈原为制《九歌》，盖由此也。”正由于重义轻利，尽管武汉的生意做得很大，当地没有产生特别著名的富商大贾，即便是侨寓的商家，也没有像江陵、襄阳那样产生

“四姓”豪强，如襄阳丁氏（原籍谯国），江陵殷氏（原籍陈郡）、庾氏（原籍新野）等。

武汉商人给地方军事、政府、城建以及许多公益事业，除了税收外，还捐出巨款。比如盐业运销，这是仅次于典当行之外的第二大商帮，每年除纳税百万两白银外，乾隆十三年（1748 年）为佐军需，汉口商人吴鼎和第一次捐银 20 万两；三镇江岸、码头的修筑，除盐船按量缴纳石料外，解决武汉三镇城建所需数量十分庞大的石料，每年还捐资 30 万两；清人刘湘煃还说：“上下之公费出其中，交游故旧之魂遗出其中，舟车仆马，宫室欢宴之给足，无不出于其中。”武汉商家合手出巨额资金修筑了近 800 千米的干堤，硬是在只有 5%左右高出最高洪水线的低洼之地，建造了约达千平方千米的特大超级城市——武汉，是世界和中国绝无仅有的堤城；城中 95%的土地皆经过从数十里外运来客土填筑，寸土寸金不仅是土地商业价值体现，还是先民胼手胝足修建的体现。

后　记

庚寅十月，恩师仙逝。朝夕相处，亦师亦父亦友。先生自幼家境贫寒，勤奋善学，治学严谨；对学生要求严格，但又待生如子。斯人已去，风范永存。“他就这样用五十年的时光，用轮椅和拐杖在菁菁校园里书写了一个智者和强者的诗行，使人肃然起敬，使人品味不已。”（2010 年“感动湖北”推选委员会授予先生的颁奖词）一把坐出了一个大洞的藤椅，一张棱角磨圆的书桌，一叠写着《地理学之美》编纂大纲的方格稿纸和两本关于汉商和武汉商都研究的未竟书稿……这便是先生生命最后的节点和写照。

逝者长已矣，存者且偷生。然每有倦怠，便鞭策于先生，苟不敢松懈，亦不敢喘息！只能前行，尽管是匍匐的！忘却是最好的纪念，纪念是最好的忘却！作为学生，我们不需要去为先生歌功颂德，因为我们最好的怀念在心底里！作为学生，我们最好的纪念是完成恩师的未竟事业！遂遵师母之命，占军师兄与我整理先生遗稿。然先生未完成的研究工作众多，非一日所能整理，更非吾辈所能完成！只能尽心尽力而为！

2007 年开始，先生重点关注汉商文化的研究，得到了杨松（时任湖北省委副书记、武汉市委书记，现为湖北省政协主席）、李宪生（时任武汉市市长，现为海南省委常委、副省长）等领导和华中师范大学校领导的大力支持。先生制定了一个庞大的研究计划，克服身体不便、助手缺乏、经费不足等诸多问题，以七十之高龄孜孜不倦地进行研究。但病魔侵袭，苍天无眼，先生远走天国，留下诸多未竟工作。完成先生未竟工作，无疑是对他最好的纪念，故暂以先生关于汉商和武汉商都研究的两部未完成之作为基础，结合撰写的相关论文，整理成《商都武汉》一书出版，权且作为纪念！

《商都武汉》的出版，凝聚了湖北省、武汉市和华中师范大学各级领导对先生的肯定和支持，凝聚了同事们的深情厚谊，凝聚了师母陈代娣女士和家人对先生的深切怀念和追思，凝聚了弟子们对先生的感恩和思念！

《商都武汉》的出版特别要感谢华中师范大学出版社领导和各位编辑！

如果天国里还有学术，先生会继续他的研究；如果天国里没有学术，吾辈当继承先生遗志。是以《商都武汉》的出版告慰先生在天之灵！

值《商都武汉》出版之际，代先生感谢所有关心、支持他的人！

邓宏兵壬辰年元宵节于桂子山寓所

（邓宏兵系刘盛佳教授 1995 级硕士研究生，现为中国地质大学教授、博士生导师）